家国情怀 4

JIAGUO QINGHUAI

主编 任建欣

上海教育出版社
SHANGHAI EDUCATIONAL PUBLISHING HOUSE

编 委 会

总 主 编 顾之川

主　　编 任建欣

编　　委

元亮宇　曲　娜　刁英方　王惠蕾　金　玲

杨占新　孙立权

编写人员

刘颖异　韩培华　曹利云　崔晓林　许晓钢

党方明　元　泽　梁日可　元亮宇　曲　娜

刁英方　王惠蕾　金　玲　杨占新　孙立权

贺敬敬

亲爱的同学，当你打开这本书时，你就开启了一段惬意的旅程。从相遇、相知，到相伴前行，淡淡的书香将一直萦绕在你身边。

初中阶段，你已经读过许多名篇佳作，在充满智慧和温情的文字浸润中，语文素养自然会得到提升。但面对神秘奇幻的自然、日新月异的社会、渐趋丰盈的人生，仅仅是课堂上阅读的文章，恐怕很难再满足你的需求，你的阅读理应更广泛、更专业。如何让课内外读物有机融合成滋养你成长的沃土？如何让点滴的阅读收获汇聚成助推你遨游书海的动力？为此，我们邀请了全国各地的名师，精选文章，为你搭建大量阅读、高效阅读的平台。

于是，便有了摆在你面前的这本书。

这本书分为经典诵读、主题阅读、整本书阅读三个板块。

第一个板块是“经典诵读”，所选古诗词都具有经典阅读价值。针对诗词中可能会给你造成阅读障碍的生字难词，我们增加了读音和注释，且辅以专业诵读音频和鉴赏资料供你随时赏听或查阅。你可以利用每天的晨读或其他课余时间反复诵读，只要持之以恒地阅读，假以时日，定能厚积薄发。

第二个板块是“主题阅读”，我们精心挑选了几组文章，聚焦主题，帮助你进行专题探究。其中，“范文阅读”有批注和学习提示，方便你边阅读边思考，掌握这一类文章的阅读方法，并能进行拓展运用。“组文阅读”有单元学习任务，帮助你对一组文章进行整合阅读、比较鉴赏，从碎片化到结构化，在阅读中积累语言、拓展思维，提升核心素养。带有“自由阅读”标签的文章，你可以根据自己的需要、兴趣自主选择阅读，多读、少读，深读、浅读皆可，如能养成边读边做批注的习惯，你会收获更多。带有“类文阅读”标签的是一组与写作要求相匹配的文章，旨在提供写作思路，激发你的创作灵感。这组文章的首篇附有旁批，为你的写作实践提供技巧点拨。

“整本书阅读”设计了“阅读导航”“精彩选篇”“阅读规划”“交流平台”等助读工具，旨在激发你的阅读兴趣，帮助你掌握科学的阅读方法，从而有计划地开展整本书阅读。

愿这本书伴随你度过阅读的美好时光，与经典交流，与大师对话，帮助你积累知识，开阔视野，提升素养，成为睿智优雅、阳光自信的中国好少年！

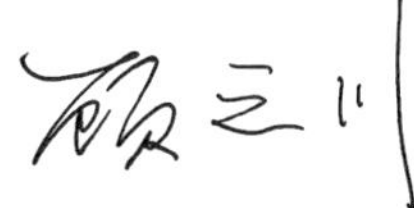

经典诵读

1 过华清宫绝句（其一） 〔唐〕杜牧 / 2

2 南溪弄水回望山园梅花 〔宋〕杨万里 / 4

3 小雨 〔宋〕杨万里 / 5

4 虞美人·听雨 〔宋〕蒋捷 / 6

5 鹊桥仙 〔宋〕秦观 / 7

6 西江月·遣兴 〔宋〕辛弃疾 / 9

7 梅花引·荆溪阻雪 〔宋〕蒋捷 / 11

8 论诗三十首（二十二） 〔金〕元好问 / 12

第一单元 立德修身

范文阅读

1 怀念圣陶先生 吕叔湘 / 14

2 赵树理同志二三事 汪曾祺 / 24

组文阅读

1 朱自清 张中行 / 31

2 永远的巴金 王蒙 / 35
3 那片绿绿的爬山虎 肖复兴 / 39
4 金岳霖的魏晋风度 王开林 / 44
5 不知为不知 汪明 / 47

第二单元　崇尚美德

范文阅读

1 马兰花 李德霞 / 53
2 一朵一朵的阳光 周海亮 / 58

组文阅读

1 书桌 叶圣陶 / 64
2 行路易 丰子恺 / 71
3 百合花 茹志鹃 / 74
4 醉人的春夜 吴金良 / 85
5 天嚣 赵长天 / 88

第三单元　人生意义

自由阅读

1 为学与做人 梁启超 / 94
2 人生的意义与价值 季羡林 / 101

3 享福与吃苦 何仲英 / 104
4 人生的意义在于承担 梁晓声 / 107
5 对自己的人生负责 周国平 / 109
6 生逢其时 重任在肩 张璁 / 112

第四单元 托物言志

范文阅读

1 座右铭 〔汉〕崔瑗 / 116
2 寒松赋 〔唐〕李绅 / 118

组文阅读

1 橘颂 〔战国〕屈原 / 121
2 梅花赋（节选） 〔唐〕宋璟 / 124
3 养竹记 〔唐〕白居易 / 128
4 修竹赋 〔元〕赵孟頫 / 132
5 秋兰赋 〔清〕袁枚 / 135

第五单元 怎样选材

类文阅读

1 一件小事 鲁迅 / 141
2 鲁迅的十七岁 刘卫东 / 145

3 假如你想做一株蜡梅 赵丽宏 / 149

4 陪我走过那一程 李慧莹 / 152

整本书阅读

海底两万里 〔法国〕儒勒·凡尔纳 / 157

踏一条平平仄仄的幽径，咏一阕抑扬顿挫的辞章，让心灵开始一次雅韵悠长的旅程。从《诗经》到宋词，从田园到边塞，从婉约到豪放，从现实主义到浪漫主义……那些或率真质朴、或清幽缠绵、或慷慨刚健、或隽永蕴藉的诗句，寄托了中华儿女的家国情怀，传承着博大精深的中华文明。

有了诗词的濡染，我们的语文学习自当渐入佳境；有了经典的浸润，我们的语文生活定会异彩纷呈。

扫码收听朗诵音频

1.过华清宫[①]绝句（其一）

⊙〔唐〕杜牧

长安回望绣成堆[②]，山顶千门次第[③]开。
一骑红尘[④]妃子笑，无人知是荔枝来。

① 华清宫：唐玄宗开元十一年（723）修建的行宫，唐玄宗和杨贵妃曾在那里居住，故址在今陕西省西安市临潼区骊山西北麓。

② 绣成堆：指骊山两旁的东绣岭、西绣岭，唐玄宗时，于岭上广植林木花卉，望去宛如锦绣，此处是形容骊山美不胜收，语意双关。诗人从长安“回望”的角度来写，犹如摄影师在观众面前先展现一个广阔而深远的骊山全景：林木葱茏，花草繁茂，宫殿楼阁耸立其间，宛如团团锦绣。

③ 次第：一个挨一个。

④ 红尘：形容策马疾驰时飞扬起来的尘土。

本诗是组诗，共三首，是杜牧经过骊山华清宫时有感而作。后代有许多诗人写过以华清宫为题的咏史诗，而杜牧的这首绝句尤为精妙绝伦、脍炙人口。诗中说“无人知”，实际发人深思，“荔枝来”并非绝无人知，至少“妃子”知、“一骑”知，还有一个诗中没有点出的皇帝更是知道。《新唐书·杨贵妃传》记载：“妃嗜荔枝，必欲生致之，乃置骑传送，走数千里，味未变，已至京师。”此诗通过送荔枝这一典型事件，鞭挞了玄宗与杨贵妃骄奢淫逸的生活，有着以微见著的艺术效果。

吴乔《围炉诗话》说：“诗贵有含蓄不尽之意，尤以不著意见、声色、故事、议论者为最上。”杜牧这首诗的艺术魅力就在于含蓄、精深，诗不明白说出玄宗的荒淫好色、贵妃的恃宠而骄，而形象地用“一骑红尘”与“妃子笑”构成鲜明的对比，收到了比直抒己见强烈得多的艺术效果。“妃子笑”三字颇有深意。春秋时周幽王为博妃子一笑，点燃烽火，导致国破身亡。当我们读到这里时，不是很容易联想到这个故事吗？全诗不用难字，不用典故，不事雕琢，朴素自然，寓意精深，含蓄有力，是唐人咏史绝句中的佳作。

扫码收听朗诵音频

2. 南溪弄水回①望山园梅花

⊙〔宋〕杨万里

梅从山下过溪来，近爱清溪远爱梅。
溪水声声留我住，梅花朵朵唤人回。

杨万里，号诚斋，其诗集为《诚斋集》。杨万里诗风自然活泼，毫不穿凿，独成一派，故人们称之为“诚斋体”。

这首小诗恰恰反映了杨万里诗歌中“自然天真”的一面，诗题较长，具体地交代出背景、所咏对象及作者心境。题目中的“弄”和“回望”非常形象地表现出作者闲适与留恋之态。

这首诗的主要特色是运用了比拟的手法：“梅”可从“山下”“过溪来”，“溪声”可“留我住”，“梅花”可“唤人回”。作者纯熟地运用“对写法”，把人对梅的喜爱反说成是梅对人的召唤，倍增人的喜爱与留恋之情。另外，“近爱清溪远爱梅”一句又极富远近结合的观瞻视角，为我们呈现出一幅恬淡、自然、高雅的水墨图景。最后两句视听结合，进一步拓展了诗歌的意境和作者的情感深度，仿佛从纸下透出潺潺溪流之声和点点招摇之态。叠词“声声”“朵朵”足见作者返还自然的急迫，终将情感落到了“爱”字上。

① 回：《汲古阁》本和《四库全书》本皆作“四”。

扫码收听朗诵音频

3. 小　雨

⊙〔宋〕杨万里

雨来细细复疏疏，纵不能多不肯无。

似妒诗人山入眼，千峰故隔一帘珠[①]。

好的诗人能够将生活中的常景和常境酝酿入诗，诗作名为“小雨”，这是怎样的“小雨”？通过“细细复疏疏”可知，这不是什么绵绵不绝的“毛毛雨”，而是纤如细丝又似无还有之雨，使用叠词，进一步表现出雨的纤细与稀疏之态。次句“纵不能多不肯无”从雨量上来写，体现出是小雨“不肯无”，用词准确、精到。三、四句用拟人与暗喻的修辞手法将视角摇向远方，用笔细腻、传神，极有趣味。

从给人的美感体验上看，这首诗为我们营造出一幅细雨千峰图，远方点点群峰，似真似幻，尽数含在“细雨”之中，美不胜收！

从意象的深意分析，古人常有“青山照青眼”之说。“青眼”为“黑眼”（与“白眼”相对），有敬重之意。古人礼重青山，实则有轻世俗重自然之想。杨万里“青眼”望“千峰”，之间又隔“细雨”，其中朦胧之感溢于言表，似有言外之意，欲说还休。

---

① 千峰故隔一帘珠：远处的青山好似隔在一层珠帘之外，似有似无。

扫码收听朗诵音频

4. 虞美人·听雨

⊙〔宋〕蒋捷

少年听雨歌楼上，红烛昏[①]罗帐。壮年听雨客舟中，江阔云低，断雁[②]叫西风。

而今听雨僧庐[③]下，鬓已星星[④]也！悲欢离合总无情，一任阶前，点滴到天明。

凡是读过这首词的人，无不叹服词人巧妙的艺术构思和高超的表现手法。词题为“听雨”，并非咏物之作，而是以“听雨”为线索。词人将自己漫长而复杂的一生，仅用“听雨”这一条线索进行跨越时空的艺术概括，通过三幅富有暗示性、象征性、概括性的画面，写出词人从少年、壮年到老年的不同处境、心境。先写少年歌楼听雨时的柔情蜜意、无忧无虑；然后写壮年时漂泊四方，客舟听雨，黯然神伤；最后写老年听雨僧庐下的遁世幽情。我们可以从这三幅画面了解那个世事沧桑、风云变化的时代。

---

① 昏：指烛光昏暗。

② 断雁：离群的孤雁。

③ 僧庐：僧房。

④ 星星：鬓发花白的样子。

扫码收听朗诵音频

5. 鹊桥仙[1]

⊙〔宋〕秦观

纤[2]云弄巧，飞星[3]传恨，银汉[4]迢迢暗渡。金风[5]玉露[6]一相逢，便胜却人间无数。

柔情似水，佳期如梦，忍顾[7]鹊桥[8]归路。两情若是久长时，又岂在朝朝暮暮。

---

① 鹊桥仙：词牌名，又名“金风玉露相逢曲”“广寒秋”等。

② 纤：纤细。

③ 飞星：这里指牵牛、织女二星。

④ 银汉：银河，天河。

⑤ 金风：即秋风。金，五行之一，于位为西，于时为秋，故言金风。

⑥ 玉露：秋天晶莹的露珠。

⑦ 忍顾：怎么忍心回望。

⑧ 鹊桥：传说牛郎织女终年被银河所隔，只有七夕才能相会，此时鹊群集于天河为桥，让织女渡河与牛郎相会。

这是根据牛郎织女的故事创作的一首歌颂真挚爱情的词。“七夕”是一个美好而又充满神话色彩的节日。七夕之夜，人们采用不同的方式来祝福被迢迢银河隔开的有情人牛郎、织女。这是一个诗人们反复咏叹的题材，秦观这首《鹊桥仙》则成为千古绝唱。

词通篇似写天上的神话故事，而事实上则是写人间永恒的感情。词的上片以拟人化手法展开想象，抒发浓郁的爱恋之情。词的下片写爱人之间的分别。“多情自古伤离别”，相爱的人不能守在一起，该是多么悲伤。“柔情似水，佳期如梦，忍顾鹊桥归路。”悠悠无语的流水是你我的情意，可你我相逢的美好时刻却又像梦一样遥远了，我怎么忍心踏上回去的路与你分别呢？缠绵、眷恋之情感人肺腑。但为了劝慰爱人，为了使她不过于沉湎在悲痛之中，词人笔锋一转，写出了千古绝唱的两句：“两情若是久长时，又岂在朝朝暮暮。”这是一种极为崇高的恋爱观，千百年来，它曾使多少有情人为之感动！秦观的词风秀丽含蓄，情韵兼长。他善于化用民间流传的故事来表达主题。这首词在写景中抒情，又在抒情中议论，熔情、景、理为一炉。

扫码收听朗诵音频

6. 西江月·遣兴

⊙〔宋〕辛弃疾

醉里且贪欢笑，要愁那得工夫[①]。近来始觉古人书，信着全无是处。

昨夜松边醉倒，问松“我醉何如”。只疑[②]松动要来扶，以手推松曰：“去！”

---

① 工夫：此处指多余的心思、时间。

② 疑：疑心，幻想。

这首词的题目是“遣兴”。从词的字面看，好像是词人在抒发悠闲的心情，深一层看，则可发现词人那不满现实的思想感情和倔强的生活态度。

这首词上片前两句写饮酒，后两句写读书。酒可消愁，他却生动地说是“要愁那得工夫”；书可识理，他却说对于古人书“信着全无是处”。这是什么意思呢？“尽信书，则不如无书。”这句话出自《孟子》，意思是说《尚书·武成》一篇的纪事不可尽信。“近来始觉古人书，信着全无是处”两句，含意极其曲折。词人不是菲薄古书，而是对当时现实不满的愤激之词。辛弃疾一生以恢复国家统一为志，以功业自诩，却命运多舛、壮志难酬，但他始终没有动摇恢复国家统一的信念。这首词就是在这样的环境、这样的心境中写成的，它寄托了词人对国家大事和个人遭遇的感慨。

这首词下片具体写醉酒的神态。“松边醉倒”，这不是微醺，而是大醉。他醉眼迷蒙，把松树看成了人，还问松树：“我醉得怎样？”他恍惚中还觉得松树活动起来，要来扶他，他推手拒绝了。这四句不仅惟妙惟肖地写出了词人的醉态，也写出了词人倔强的性格。仅仅二十五个字，构成了剧本的片段：这里有对话，有动作，有神情，又有对性格的刻画。一首小词写出这么丰富的内容，是少见的。

扫码收听朗诵音频

7. 梅花引·荆溪阻雪

⊙〔宋〕蒋捷

白鸥问我泊孤舟，是身留，是心留？心若留时，何事锁眉头？风拍小帘灯晕舞[①]，对闲影，冷清清，忆旧游。

旧游旧游今在否？花外楼，柳下舟。梦也梦也，梦不到，寒水空流。漠漠黄云，湿透木棉裘[②]。都道无人愁似我，今夜雪，有梅花，似我愁。

赏析

这首词题为“荆溪阻雪”，抒写了词人冬日身居孤舟，路途受阻所引起的种种愁苦情怀。南宋灭亡后，词人失意，精神上受到很大创伤，他本已归隐，可心又未忍。那么如何倾诉耿耿于怀的情愫呢？他就在词的开头巧妙地借用一只白鸥的提问，来表现这种欲归隐而未忍的矛盾心境。而在结尾，词人却写傲然独立、洁爽脱俗的雪中梅花，一方面，以梅花自比，写自己有归隐之心、遁俗之志；另一方面，由于世事沧桑，往事如烟，难以追寻，词人深感孤寂，让梅花相伴，这样人的孤寂与梅花的寂寞达到了水乳交融的程度。词人就是这样把所有的绝望，所有的悲苦，所有的惆怅，都寄托在景与物中，因此可以说蒋捷的词想象新颖，意蕴丰富，韵味隽永，有“清空婉妙”之风。

---

① 灯晕舞：形容灯光在风中晃动，一闪一闪的。

② 木棉裘：指粗布棉衣。

扫码收听朗诵音频

8. 论诗三十首（二十二）

⊙〔金〕元好问

奇外无奇更出奇，一波才动万波随。

只知诗到苏黄尽，沧海横流却是谁？

《论诗三十首》是元好问的一组诗，主张诗歌创作崇尚天然，反对柔靡、雕琢，在文学批评史上颇有地位。这首诗是评价苏轼和黄庭坚及其他们的追随者的诗歌的。第一句是说苏、黄的后学者作诗的特点。第二句是说苏、黄两人在诗坛的影响力。第三句是肯定苏、黄两人的成就。

这首诗是对求奇追险诗风及其流弊的批评。苏轼、黄庭坚是北宋影响力巨大的诗人。苏轼的诗歌气象宏阔，铺叙宛转，意境恣逸，笔力矫健，常富理趣，但苏诗散文化、议论化倾向明显。黄庭坚作诗则力求新奇，选材避熟就生，喜用他人未用的典故和字句，造拗句，押险韵，做硬语，诗风生新瘦硬峭拔，善于出奇制胜。他所用“夺胎换骨”“点石成金”增加了“以才学为诗”的倾向。苏、黄两人在技巧上力求出新，对传统有所发展变化，取得了卓著的成绩，因此，元好问承认了他们在诗歌上的成就（“只知诗到苏黄尽”）和影响力（“一波才动万波随”）。但是，另一方面，苏、黄的后学者却往往不及苏、黄的才能，未得其长，先得其短，容易出现一味崇尚奇险、堆砌生典、搜罗怪异形象、语言生硬晦涩、词句雕琢不自然的弊端（“奇外无奇更出奇”）。元好问批评了苏、黄诗歌后学者所造成的不良风气，同时，也反映了他崇尚自然、雅正，反对险怪、雕琢的诗歌思想。

立德修身

有这样一群人，他们用铁肩担道义，用热血写诗篇。他们默默奉献，却从不争功；他们热爱生活，却甘于平淡；他们负重前行，却勇于承担；他们并不富有，但乐于奉献；他们平凡无奇，却从未放弃心中的理想。他们的品格香远益清，他们就如一颗颗蒲公英的种子，随风飘落到世间任何地方，都会生根发芽。春风化雨，润物无声，桃李不言，下自成蹊，阅读这些文章，可以陶冶情操，净化心灵，让我们在潜移默化中受到熏陶和浸染。

阅读本单元文章，要重点学习略读。略读侧重观其大略，粗知文章的大意。读后能复述故事主要情节，领会作者自然平实的语言风格。以小见大，通过概括文章中的小事，分析人物形象，体会作者对德行高远者表达的思想感情。

1. 怀念圣陶先生

⊙吕叔湘

我认识圣陶先生是在成都，1941 年春天的一个细雨蒙蒙的上午。那时候我在华西大学中国文化研究所工作，圣陶先生在四川省教育科学馆工作。教育科学馆计划出一套供中学语文教师用的参考书。其中有一本《精读指导举隅》和一本《略读指导举隅》，是由圣陶先生和朱佩弦先生合作编写的。计划里边还有一本讲文法的书，圣陶先生从顾颉刚先生那里知道我曾经在云南大学教过这门课，就来征求我的意见，能否答应写这样一本书。

想象中的“文学家”是什么样的？“我”为什么觉得他跟别的文学家不一样？

我第一次见到圣陶先生，跟我想象中的“文学家”的形象全不一样：一件旧棉袍，一把油纸雨伞，说话慢言细语，像一位老塾师。他说明来意之后，我答应试试看。又随便谈了几句关于语文教学的话，他就回去了。那时候圣陶先生从乐山搬来成都不久，住家和办公都在郊外。过了几天，他让人送来一套正中书局的国文课本，供我写书取用例句。

大约半年之后，我写完了《中国文法要略》的上卷，送给圣陶先生审阅，那时候他已经把家搬进城里了。后来开明书店设立成都编译所，就设在圣陶先生家里。圣陶先生一直在主持《中学生》杂志的编辑工作，后来又跟宋云彬先生合编《国文杂志》，他邀我给这两个刊物写稿子。我的《文言虚字》《笔记文选读》《中国人学英文》以及《石榴树》（即《我叫阿拉木》）的译文，或全部，或部分，都是在这两个刊物上发表的。因为送稿子到圣陶先生那里去，也就常常留下来，一边说着话，一边看圣陶先生看稿子。圣陶先生看稿子真是当得起“一丝不苟”四个字，不但是改正作者的笔误，理顺作者的语句，甚至连作者标点不清楚的也用墨笔描清楚。从此我自己写文稿或者编辑别人的文稿的时候也都竭力学习圣陶先生，但是我知道我赶不上圣陶先生。

“不但”“甚至”突出了圣陶先生的一丝不苟，体现了“我”的钦佩之情。

写《中国文法要略》以及《文言虚字》等，是我对学术工作的看法有了变化的表现，哪是因哪是果可说不清。原先我认为学术工作的理想是要专而又专、深而又深，普及工作是第二流的工作。我自己思想中本来就有这个倾向，我在那里工作的研究所的主持人更是十分强调这一点。可是我现在认识到普及工作需要做，并且要把它做好也并不容易。回想起来，我确实是受了圣陶先生的影响。圣陶先生把很大一部分时间和精力用来编《中学生》，值得吗？非常值得。现在七十多岁到五十多岁的人里边有很多人曾经是《中学生》的忠实读者，在生活上和学问上是受过它的教益的。

在这里我想顺便说一个故事。1949年年初，开明书店收到魏建功、萧家霖等几位先生从北平寄来的编字典的计划，圣陶先生认为这个计划很好，复信说开明可以接受出版。这就是后来由附设在出版总署内的新华辞书社出版的《新华字典》，那时候圣陶先生任出版总署副署长。《新华字典》出版之后，新华辞书社并没有解散，圣陶先生打算让这个班子继续编别的辞书，并且希望建功先生辞去北京大学的职务，继续领导辞书社的工作。建功先生不肯，态度很坚决。后来有一天圣陶先生跟我闲谈，谈起这件事，他说："难道在大学里教课一定比编字典的贡献大吗？"现在建功先生和圣陶先生都已经作古，我也不需要保密了。

1945年，抗日战争结束，圣陶先生一家随着开明书店由长江出川回上海，第二年我也随金陵大学回南京。为写稿的事，也时常有书信往还。1947年，圣陶先生约朱佩弦先生和我参加高中国文读本的编辑工作，我建议把语体文和文言文分开，编成两套，他们两位都同意。到1948年冬天，我扶老携幼投奔开明书店。我在开明书店工作了一年有余，认识了章锡琛、王伯祥、顾均正、徐调孚、贾祖璋、周振甫、唐锡光等"开明人"，也多多少少感染上了那难于具体描写却确确实实存在的"开明作风"。圣陶先生不久就去香港转道去北京参加政治协商会议，人民政府成立之后担任出版总署副署长。第二年我应清华大学之聘也来到北京。虽然住得不近，也还时不时有机会见面。

1951年2月，我母亲在上海去世，我奔丧回南。回到北京，家里人告诉我，圣陶先生找过我，说有要紧事儿。我去了才知道是要写一个讲语法的连载，在《人民日报》上发表，主要是供报刊编辑以及一般干部参考。发起这件事的是胡乔木同志，他曾经问过语言研究所，语言研究所不愿意承担，才找到圣陶先生，圣陶先生说可以找吕某人试试。这就是《语法修辞讲话》的由来。这件事在我的生活中形成又一个转折点。1952 年高等学校院系调整的时候，我被分配到语言研究所，做语法研究工作，还在人民教育出版社兼任一名副总编辑（圣陶先生是社长），照料语文课本的编辑工作。如果没有《语法修辞讲话》这件事，很有可能我会跟着清华大学中文系并入北京大学，或者调到别的大学去。

《语法修辞讲话》的发表引起了一阵“语法热”，一两年内就出版了十来种语法书。圣陶先生大概也看过几种，好像都不满意，有一天跟我说：“能不能写一本不用术语的语法书，容易懂，而且实惠？”我说：“不用术语恐怕办不到，少用几个，像‘名词’‘动词’‘主语’‘谓语’等，也许能够办到。至于实惠，也就是对说话、作文有帮助，那就更难了。”圣陶先生当然没有叫我试写，我可偷着试过好几次，都是写着写着就写不下去了。我希望有人能满足圣陶先生这个遗愿。

体现了圣陶先生写文章“平易如话要简洁”的观点。

我在人民教育出版社照料初中汉语课本的编辑工作，当时的计划是要把汉语和文学分成两套课本的。实际工作是张志公同志负责，但是我得认真审读，提修改意见。这套课本仅仅试用两年就不用了，汉语和文学又合流，恢复原先的语文课本的编法。这时候我已经不兼任人民教育出版社的职务，但是圣陶先生叮嘱我好好审读新编的语文课本。不久，我在语言研究所主编的《现代汉语词典》的初稿陆续出来，圣陶先生和朱文叔先生都是审订委员会的委员，也只有他们二位认真提了些修改意见。

“文化大革命”开始以后，彼此不通音讯。我听说周总理设法保护文教界的一些老先生，估计圣陶先生会在内，也就放心了。我自己则由隔离反省而集中学习，而下干校，又和二十多位同志于1971年初提前放回北京，仿佛做了一场稀奇古怪的大梦。这时候虽然仍受驻机关的军宣队、工宣队管束，已经基本上可以自由行动，于是有一天我就去访问圣陶先生。大概这个时候圣陶先生那里还是很少有客人来吧，看见我非常高兴。

圣陶先生和王伯祥先生是幼而同学，长而

共事，交情很深。伯祥先生那时候身体不好，在家里很寂寞，圣陶先生常常去看望他，有时候乘公共汽车，有时候步行。二位老人的心情是不难理解的。因此，我也过些时候就去看看圣陶先生，尽管没有多少话要说。

“圣陶先生不是以书法知名”，但“来求墨宝的还是很多”，为什么？

圣陶先生不是以书法知名的，可是书以人重，来求墨宝的还是很多。我在上海的时候曾经得到他一副篆书短联。1976年有人送我两张高丽棉纸，我拿去请圣陶先生给我写点什么。他写了两首诗送我，是楷书写的。

华西初访犹如昨，既接清芬四十年。
邃密深沉殊弗逮，愧存虚愿欲齐贤。

并臻信达兼今雅，译事群钦夙擅场。
颇冀移栽名说部，俾因椽笔得深尝。

这里既有溢美之词，也有勉励的话，希望我翻译外国名著。我又何尝不想在这方面多做点工作，但是我也跟很多人一样，时间不能完全由自己支配，也就顾不上了。

圣陶先生为“我”女儿的文章题诗，表现了他待人真诚热情，充满文人情怀的特点。

在这以前，圣陶先生也曾经在我女儿吕霞写的《在抗战中度过的童年》的前边题过一首《洞仙歌》，那些短篇是原先发表在《开明少年》上，后来剪贴成册的。

华西初访，记见垂髫觑，小试文心不吟絮。叙离乡，辗转汉浦湘皋，更绕道遥傍滇池侨寓。

囊曾雠手稿，卅载于今，重读依然赏佳趣。观感本童心，暗喜轻愁带幽默，时时流露。待掩卷津津味馀甘，却不免追怀西南羁绪。

1977 年 8 月，谢刚主（国桢）先生发起去承德避暑山庄游览，邀请圣陶先生、唐弢同志和我同去，圣陶先生由至善世兄随侍，唐弢同志和我也都有家属陪同。那时候避暑山庄还没有正式开放，游人很少。我们住在文津阁楼下，非常清静。早晚在松林中散步，虽少花香，不乏鸟语。尽管只住了一个星期，但是来去自由，没有多人迎送，也不要讲话和应酬，圣陶先生心情很舒畅，后来还屡次提到。第二年夏天圣陶先生参加政协的视察组去四川，路上患病，回到北京去医院检查出来是胆结石，做了手术，在医院里住了三个多月，健康大受影响。这以后，除 1982 年到烟台做短期旅行外，就没有再出京了。

我最后一次晤见圣陶先生是 1987 年 9 月 8 日。这一年他的健康情况比较稳定，那一天正好有新华社的老摄影记者邹健东同志来给圣陶先生拍相片，也给我们两人拍了一张合影，圣陶先生兴致很好。11 月 17 日上午我去看望圣陶先生，他因为晚上没睡好，早餐后又睡着了，我没有惊动他。至善有事出去了，我跟满子说说话就出来了。后来我自己闹病，住了一阵子医院，回家休养，一直想去看圣陶先生都因循未去。有一天张志公同志来看我，说起圣陶先生，他说他也好久没去看望了。我们相约过几天去看他老人家。又过了几天，志公在电话里告诉我，圣陶先生又住院了。最近几年，他常常住院，所以我也没放在心上，打算过些时到医院去看他。2 月 16 日早晨，志公同志来电话，说叶老去世了，我后悔没早去医院。第二天我自己患感冒躺下了，追念往事，做了一副挽联：

交情兼师友，四十八年，立身治事，长仰楷式。

道德寓文章，一千万字，直言曲喻，永溉后生。

一副挽联寄寓无限深情！

也只是在心里念叨念叨，没有写出来送到民主促进会举行的追思会上去。下联是天下的公论，上联却是说出我个人的感受，可是我相信，像我这样受过圣陶先生言谈的影响、行事的感染的真是不知道有多少人啊！

（有删节）

学习提示

阅读吕叔湘的《怀念圣陶先生》一文，想一想：文中写了哪些事？从中可以看出叶圣陶先生的哪些精神品质？先生为文与为人给了你哪些启示？

2. 赵树理同志二三事

⊙汪曾祺

用“高”“长”“细”分别形容个子、脸、眉毛，寥寥几笔，形象地勾画出了赵树理的外貌特征。

赵树理同志身高而瘦。面长鼻直，额头很高。眉细而微弯，眼狭长，与人相对，特别是倾听别人说话时，眼角常若含笑。听到什么有趣的事，也会咕咕地笑出声来。有时他自己想到什么有趣的事，也会咕咕地笑起来。赵树理是个非常富于幽默感的人。他的幽默是农民式的幽默，聪明、精细而含蓄，不是存心逗乐，也不带尖刻伤人的芒刺，温和而有善意。他只是随时觉得生活很好玩，某人某事很有意思，可发一笑，不禁莞尔。他的幽默感在他的作品里和他的脸上随时可见（我很希望有人写一篇文章，专谈赵树理小说中的幽默感，我以为这是他的小说的一个很大的特点）。赵树理走路比较快（他的腿长；他的身体各部分都偏长，手指也长），总好像在侧着身子往前走，像是穿行在热闹的集市的人丛中，怕碰着别人，给别人让路。赵树理同志是我见到过的最没有架子的作家，一个让人感到亲切的、妩媚的作家。

想一想“妩媚”一词用在这里合适吗？有什么用意？

树理同志衣着朴素，一年四季，总是一身蓝卡其布的制服。但是他有一件很豪华的“行头”，一件水獭皮领子、礼服呢面的狐皮大衣。他身体不好，怕冷，冬天出门就穿起这件大衣来。那是刚“进城”的时候买的。那时这样的大衣很便宜，拍卖行里总挂着几件。奇怪的是他下乡体验生活，回到上党农村，也是穿了这件大衣去。那时作家下乡，总得穿得像个农民，至少像个村干部，哪有穿了水獭领子狐皮大衣下去的？可是家乡的农民并不因为这件大衣就和他疏远隔阂起来，赵树理还是他们的“老赵”，老老少少，还是跟他无话不谈。看来，能否接近农民，不在衣裳。但是敢于穿了狐皮大衣而不怕农民见外的，恐怕也只有赵树理同志一人而已。——他根本就没有考虑穿什么衣服“下去”的问题。

“能否接近农民，不在衣裳”，那表现在什么地方呢？

他吃得很随便。家眷未到之前，他每天出去“打游击”。他总是吃最小的饭馆。霞公府（他在霞公府市文联宿舍住了几年）附近有几家小饭馆，树理同志是常客。这种小饭馆只有几个菜。最贵的菜是小碗坛子肉，最便宜的菜是“炒和菜盖被窝”——菜炒粉条，上面盖一层薄薄的摊鸡蛋。树理同志常吃的菜便是炒和菜盖被窝。他工作得很晚，每天十点多钟要出去吃夜宵。和霞公府相平行的一个胡同里有一溜卖夜宵的摊子。树理同志往长板凳上一坐，要一碗馄饨，两个烧饼夹猪头肉，喝二两酒，自得其乐。

喝了酒，不即回宿舍，坐在传达室，用两个指头当鼓箭，在一张三屉桌子上打鼓。他打的是上党梆子的鼓。上党梆子的锣经和京剧不一样，很特别。如果有外人来，看到一个长长脸的中年人，在那里如醉如痴地打鼓，绝不会想到这就是作家赵树理。

赵树理是一个多才多艺的农村才子。王春同志在一篇文章中提到过树理同志曾在一个集上一个人唱了一台戏：口念锣经过门，手脚并用做身段，还误不了唱。这是可信的。我就亲眼见过树理同志在市文联内部晚会上表演过起霸[①]。见过高盛麟、孙毓堃起霸的同志，对他的

① 起霸：戏曲表演的程式之一，即武将上阵前所做的整盔、束甲等一套舞蹈动作。

上党起霸不是那么欣赏，他还是口念锣经，一丝不苟地起了一趟“全霸”，并不是比画两下就算完事。虽是逢场作戏，但是也像他写小说、编刊物一样地认真。

赵树理同志很能喝酒，而且善于划拳。他的划拳是一绝：两只手同时用，一会儿出右手，一会儿出左手。老舍先生那几年每年要请两次客，把市文联的同志约去喝酒。一次是秋天，菊花盛开的时候，赏菊（老舍先生家的菊花养得很好，他有个哥哥，精于艺菊，称得起是个“花把式”）；一次是腊月二十三，那天是老舍先生的生日。酒、菜，都很丰盛而有北京特点。老舍先生豪饮（后来因血压高戒了酒），而且划拳极精。老舍先生划拳打通关，很少有输的时候。划拳是个斗心眼的事，要琢磨对方的拳路，判定他会出什么拳。年轻人斗不过他，常常是第一个“俩好”就把小伙子“一板打死”。对赵树理，他可没有办法，树理同志这种左右开弓的拳法，他大概还没有见过，很不适应，结果往往败北。

这个细节描写体现了赵树理幽默风趣的真性情。

赵树理同志讲话很“随便”。那一阵很多人把中国农村说得过于美好，文艺作品尤多粉饰，他很有意见。他经常回家乡，回来总要做一次报告，说说农村见闻。他认为农村还是很穷，日子过得很艰难。他戏称他戴的一块表为“五驴表”，说这块表的钱在农村可以买五头毛驴。——那时候谁家能买五头毛驴，算是了不起的富户了。他的这些话是不合时宜的，后来挨了批评，以后说话就谨慎一点了。

将自己戴的手表和五头毛驴联系起来，可见赵树理语言幽默丰富，关心农民疾苦，为人赤诚，敢于发声。

…………

赵树理同志担任《说说唱唱》的副主编，不是挂一个名，他每期都亲自看稿、改稿。常常到了快该发稿的日期，还没有合用的稿子，他就把经过初审、二审的稿子抱到屋里去，一篇一篇地看，差一点的，就丢在一边，弄得满室狼藉。忽然发现一篇好稿，就欣喜若狂，即交编辑部发出。他把这种编辑方法叫作“绝处逢生法”。有时实在没有较好的稿子，就由编委之一自己动手写一篇。有一次没有像样的稿子，大概是康濯同志说：“老赵，你自己搞一篇！”老赵于是关起门来炮制。《登记》（即《罗汉钱》）就是在这种等米下锅的情况下急就出来的。

赵树理同志的稿子写得很干净清楚，几乎

不改一个字。他对文字有“洁癖”，容不得一个看了不舒服的字。有一个时候，有人爱用“妳”字。有的编辑也喜欢把作者原来用的“你”改“妳”。树理同志为此极为生气。两个人对面说话，本无须标明对方是不是女性。世界语言中第二人称代名词也极少分性别的。“妳”字读“奶”，不读“你”。有一次树理同志在他的原稿第一页页边写了几句话：“编辑、排版、校对同志注意：文中所有‘你’字一律不得改为‘妳’字，否则要负法律责任。”

对一个寻常字眼的使用如此重视，凸显了赵树理做学问认真的品质。

树理同志的字写得很好。他写稿一般都用红格直行的稿纸，钢笔。字体略长，如其人，看得出是欧字、柳字的底子。他平常不大用毛笔。他的毛笔字我只见过一幅，字极潇洒，而有功力。是在劳动人民文化宫见到的。劳动人民文化宫刚成立，负责“宫务”的同志请十几位作家用宣纸毛笔题词，嵌以镜框，挂在会议室里。也请树理同志写了一幅。树理同志写了六句李有才体的通俗诗：

古来数谁大，
皇帝老祖宗。
今天数谁大，

结尾引用赵树理的诗，有什么作用？

劳动众弟兄。

还是这座庙[1]，

换了主人翁！

一九九〇年六月八日

他用幽默的语言为农民发声，他用通俗的诗句抒写民生疾苦，他就是深受农民喜爱的作家赵树理！一个著名的作家，却总是能和农民亲切交谈、打成一片；一个对吃穿毫不在意、随意潇洒的人，却对工作认真严谨、一丝不苟。本文作者用独特的视角，只选取了几件生活琐事，就轻轻松松地把立体、真实、生动的作家赵树理的形象展现在读者面前，这就是写人叙事散文的魅力！

① 这座庙：现在的北京市劳动人民文化宫原来是明清两代的太庙。

1. 朱自清

⊙张中行

朱自清先生的大名和成就，连年轻人也算在内，几乎无人不知，无人不晓，因为差不多都念过他的散文名作:《背影》和《荷塘月色》。我念他的《背影》，还是在中学阶段，印象是：文富于感情，这表示人纯厚，只是感伤气似乎重一些。一九二五年他到清华大学以后，学与文都由今而古，写了不少值得反复诵读的书，如《诗言志辨》《经典常谈》等。一九三七年以后，半壁江山沦陷，他随着清华大学到昆明，以及一九四六年回到北京以后，在立身处世方面，许多行事都表现了正派读书人的明是非、重气节。不幸的是天不与以寿，回北京刚刚两年，于一九四八年十月去世，仅仅活了五十岁。

我没有听过朱先生讲课，可是同他有一段因缘，因而对他的印象很深。这说起来难免很琐碎，反正是“琐话”，所以还是决定说一说。

我的印象，总的说，朱先生的特点是，有关他的，什么都协调。有些历史人物不是这样，如霍去病，看名字，应该长寿，却不到三十岁就死了；王安石，看名字，应该稳重，可是常常失之躁急。

朱先生名自清，一生自我检束，确是能够始终维持一个“清”字。他字佩弦，意思是本性偏于缓，应该用人力的“急”补救，以求中和。做没做到，我所知很少，但由同他的一些交往中可以推断，不管他自己怎样想，他终归是本性难移，多情而宽厚，“厚”总是近于缓而远于急的。他早年写新诗，晚年写旧诗，古人说：“温柔敦厚，诗教也。”（《礼记·经解》）这由学以致用的角度看，又是水乳交融。文章的风格也是这样，清秀而细致，总是真挚而富于情思。甚至可以扯得更远一些，他是北京大学一九二〇年毕业生，查历年毕业生名单，他却不是学文学的，而是学哲学的。这表面看起来像是不协调，其实不然，他的诗文多寓有沉思，也多值得读者沉思，这正是由哲学方面来的。这里加说几句有趣的插话，作为朱先生经历的陪衬。与朱先生同班毕业的还有三位名人，也是毕业后改行的：一位是顾颉刚，改为搞历史；一位是康白情，改为搞新诗；还有一位反面人物是陈公博，改搞政治，以身败名裂告终。最后说说外貌，朱先生个子不高，额头大，双目明亮而凝重，谁一见都能看出，是个少有的温厚而认真的人物。我第一次见他是一九四七年，谈一会儿话，分别以后，不知怎么忽然想到三国虞翻的话：“生无可与语，死以青蝇为吊客，使天下一人知己者，足以不恨。”我想，像朱先生这样的人，不正是可以使虞翻足以不恨的人物吗？

泛泛的谈了不少，应该转到个人的因缘了。是一九四七年，我主编一个佛学月刊名《世间解》，几乎是唱独角戏，集稿很难，不得已，只好用书札向许多饱学的前辈求援，其中之一就是朱先生。久做报刊编辑工作的人都知道，在稿源方面有个大矛盾，不合用的总是不求而得，合用的常是求之不得。想消灭求之不得，像是直到今天还没有好办法，于是只好碰碰试试，用北京的俗语说是“有枣没枣打一竿子”，希望万一会掉下一两个。我也是怀着有枣没枣打一竿子的心情这样做的，万没有想到，朱先生真就写了一篇内容很切实的文章，并很快寄来，这就是刊在第七期的《禅家的语言》（后收入《朱自清古典文学论文集》上册）。当时为了表示感激，我曾在“编辑室杂记”里写：“朱自清教授在百忙中赐予一篇有大重量的文章，我们谨为本刊庆幸。禅是言语道断的事，朱先生却以言语之道道之，所以有意思，也所以更值得重视。”这一期出版在一九四八年一月，更万没有想到，仅仅九个月之后，朱先生就作古了。

大概是这一年的五月前后，有一天下午，住西院的邻居霍家的人来，问我在家不在家，说他家的一位亲戚要来看我。接着来了，原来是朱先生。这使我非常感激，用古人的话说，这是蓬户外有了长者车辙。他说，霍家老先生是他的表叔，长辈，他应该来问安。其时他显得清瘦，说是胃总是不好。谈一会儿闲话，他辞去。依旧礼，我应该回拜，可是想到他太忙，不好意思打搅，终于没有去。又是万没有想到，这最初的一面竟成了最后一面。

死者不能复生，何况仅仅一面。但我常常想到他，而所取，大概与通常的评价不尽同。朱先生学问好，古今中外，几乎样样通。而且缜密，所写都是自己确信的，深刻而稳妥。文笔尤其好，清丽，绵密，细而不碎，柔而不弱。他代表“五四”之后散文风格的一派，由现在看，说是广陵散也不为过。可是我推重他，摆在首位的却不是学和文，而是他的行。《论语》有“行有余力，则以学文”的话，这里无妨断章取义，说：与他的行相比，文可以算作余事。行的可贵，具体说是，律己严、待人厚都超过常格，这二者之中，尤其超过常格的待人厚，更是罕见。这方面，可举的证据不少，我感到最亲切的当然是同自己的一段交往。我人海浮沉，认识人不算少，其中一些，名声渐渐增大，地位渐渐增高，空闲渐渐减少，因而就“旧雨来，今雨不来”。这是人之常情，不必作杜老《秋述》之叹。朱先生却相反，是照常情可以不来而来，这是决定行止的时候，只想到别人而没有想到自己。如果说学问文章是广陵散，这行的方面就更是广陵散了。

说来也巧，与朱先生告别，一晃过了二十年，一次在天津访一位老友，谈及他的小女儿结了婚，问男方是何如人，原来是朱先生的公子，学理科的。而不久就看见他，个子比朱先生高一些，风神却也是谦恭而恳挚。其时我老伴也在座，事后说她的印象是：“一看就是个书呆子。”我说：“能够看到朱先生的流风余韵，我很高兴。”

2. 永远的巴金

⊙王　蒙

在这个星空之夜，巴金走了。

如果设想一下近百年来最受欢迎和影响最大的一部长篇小说，我想应该是巴金的《家》。早在小时候，我的母亲与姨母就在议论鸣凤和觉慧，梅表姐和琴，觉新、觉民、高老太爷和老不死的冯乐山，且议且叹，如数家珍。

而等到我自己迷于阅读的时候，我宁愿读《灭亡》和《新生》，因为这两本书里写了革命，哪怕是幻想中的革命，写了牺牲，写了被压迫者的苦难和统治者的罪恶。

“文化大革命”开始以后，我在伊犁，同院有一对工人夫妇，他们找了一本《家》偷偷阅读，读得津津有味，放低了声音告诉我他们阅读的感想。他们现在才知道《家》？这使我觉得他们未免少见多怪。到现在《家》仍然感染着征服着年轻的读者，这又使我赞叹感奋不已。然后我和妻把书拿过来，重新读一遍，仍然像读一本新书一样地心潮澎湃。

我也读过巴金写的与译的《春天里的秋天》《秋天里的春天》，还有《寒夜》《憩园》，等等，我深深感到了巴金的热烈的情思，哪怕这种情是用无望的寒冷色调来表现的。甚至在他晚年以后，他写什么都是那样的充沛、细密、水滴石穿、火灼心肺。巴金的书永远像火炬一样地燃烧，巴金的心永远为青春、为爱、为人民而淌血。

只是在“文化大革命”以后，我才有机会见到老人，他忧心忡忡，他言之谆谆，他反思历史，他保护青年，他永远寄希望于未来。他远远不像许多作家那样善于辞令，善于表演，善于抖机灵式地卖弄。作为一个作家他太老实，太朴实无华，对不起，我要说是太呆气啦。

他在关于《家》的文字中一次又一次地书写：“青春是美丽的。”所以他特别痛恨那些戕害青年、压迫人性、敌视文学艺术、维护封建道统的顽固派。他看到了太多的不应该不幸的人却遭到了不幸，他充满了感情的郁积。直到晚年，在新中国成立五十周年的前夕，他与张光年同志一起泛舟杭州西湖的时候，他才表示，（由于国家的发展）“现在中国人能够直起点腰来了”！

我在一次又一次的交往中，还从来没有听他老人家讲过一句这种欣慰的话。他太苦了。

巴金的作品其实一向直言不讳，拥护什么，同情什么，反对什么，都清晰强烈。一个爱国主义，一个人道主义，是他终身的信仰——这是他在迎接第五次作家代表大会的时候说的。他甚至于讲得有点极端，因为在另一个场合他曾经说自己不是文学家，他拿起笔来只是为了呼唤光明与驱逐黑暗。他喜欢高尔基的作品中描写过的俄罗斯民间故事，有一个英雄叫丹柯，为了率领人们走出黑暗的树林，他掏出了自己的心脏，作为火炬，照亮了夜路。所以他一辈子说是要把心交给读者，他是这样说的，也是这样做的。他是一个用心用自己的全部生命来写作，来做人的人。所以提起历史教训来他永远是念念于心，他太了解历史的代价了，他不希望看到历史的曲折重演。在他的倡议下，世界一流的现代文学馆终于建成了，这是“五四”以来的现代文学的丰碑，也永远是巴金老人的纪念馆。没有巴金就没有现代文学馆。他还想纪念与记住一些远为沉重的东西，那样的记忆已经凝固在他的晚年巨著《随想录》里，把记忆和反思镌刻在人们的心底了。

“我已经快要走到生命的尽头了，但是我并不悲观，我把希望寄托在青年人身上……”在他年老以后，他一次又一次地这样说。他像老母鸡一样地用自己的翅膀庇护着年轻人。他与女儿李小林主编的《收获》本身就是勤于耕耘、勇于创新、尊重传统、推举新秀的园地。“要多写，要多写一点……”他一次又一次地对我说。在他还能行动的时候，每次我去看望他，他老人家总要边叮嘱边站立着……走出房门相送，而当我紧张劝阻的时候，他与女儿小林都解释说他也需要活动活动。我们握手，他的手常常冰凉，小林说他的习惯是体温维持较低，然而他的心永远火烫。他不怎么笑，有时候想说两句笑话，如说到张洁的一篇荒诞讽刺小说，但是他的神情仍然认真而且苦涩、无奈。他总是那样诚实、谦虚、质朴、无私。他永远踏踏实实地活在中国的土地上。他提倡讲真话提倡了一生，却遭到过诋毁，曰“真话不等于真理”，倒像是假话更接近真理。现在，这种雄辩的嚼舌已经不怎么行时了，巴金的矗立是真诚的真实的与真挚的文学对于假大空伪文学的胜出。

想一想他，我们刚刚有一点懈怠轻狂，迅速变成了汗流浃背。

（有删节）

古代的“硕士”“学士”

“硕士”在我国古代史籍中并不多见，它通常是指那些品节高尚、学问渊博的人。曾巩在《与杜相公书》中说：“当今内自京师，外至岩野，宿师硕士，杰立相望。”

“学士”一词最早出现在周代，是指那些在官学读书的贵族子弟，后来逐渐变成官名或有学问的人以及文人学者的泛称。魏晋以后，“学士”成为以文学技艺供奉朝廷的官吏。唐代翰林学士亦为文学侍从之臣，甚至可以参与朝政。宋、辽、金、元均置翰林院。明代设翰林院学士及翰林院侍读、侍讲学士，学士遂专为侍臣荣衔。清代改翰林院学士为“掌院学士”，清末设典礼院，亦置学士。

3. 那片绿绿的爬山虎

⊙肖复兴

1963 年，我正上初三，写了一篇作文《一张画像》，是写教我平面几何的一位老师。他教课很有趣，为人也很有趣，致使这篇作文写得我也自以为很有趣。经我的语文老师推荐，这篇作文竟在北京市少年儿童征文比赛中获了奖。自然，我挺高兴。一天，语文老师拿来厚厚一个大本子对我说："你的作文要印成书了，你知道是谁替你修改作文的吗？"我睁大眼睛，有些莫名其妙。"是叶圣陶先生！"老师将那大本子交给我又说，"你看看叶老先生修改得相当仔细，你可以从中学到不少东西！"

我打开本子一看，里面有这次征文比赛获奖的 20 篇作文。我翻到我的那篇作文一下子愣住了：首先映入眼帘的是红色的修改符号和改动后增添的小字，密密麻麻，几页纸上到处是红色的圈、钩或直线、曲线。那篇作文简直像是动过大手术，鲜血淋漓继而又绑上错综复杂的绷带一样。

回到家，我仔细看了几遍叶老对我作文的修改。题目《一张画像》改成《一幅画像》，让我立即感到用字的准确性。类似这样的地方修改得很多，倒装句改得很多，长句子断成短句的地方也不少。有一处，我记得十分清楚："怎么你把包几何课本的书皮去掉了呢？"叶老改成："怎么你把几何课本的包书纸去掉了呢？"删掉原句中"包"这个动词，使得句子干净也规范多了。而"书皮"改成了"包书纸"更确切，因为书皮可以认为是书的封面。我真的从中受益匪浅，隔岸观火和身临其境毕竟不一样。这不仅使我看到自己作文的种种毛病，也使我认识到文学创作的艰巨。不下大力气，不一丝不苟，是难成大气候的。虽未见叶老的面，却从他的批改中感受到他的认真、平和以及温暖，如春风拂面。

叶老在我的作文后面写了一则简短的评语："这篇作文写的全是具体事实，从具体事实中透露出对王老师的敬爱。肖复兴同学如果没有在这几件有关画画的事儿上深受感动，就不能写得这样亲切自然。"这则短短的评语，树立起我写作的信心。那时，我才 15 岁，一个毛头小孩，居然能得到一位蜚声国内外文坛的大文学家的指点和鼓励，内心的激动可想而知，涨涌起的信心和幻想，像飞出的一只只鸟儿纷纷抖着翅膀。那是只有那种年龄的孩子才会拥有的心思。

这一年暑假，语文老师找到我说："叶圣陶先生要请你到他家做客。"

我感到非常意外。像叶圣陶先生这样的大作家，居然要见见我这样一个初中学生，我自然把它当成人生中的一件大事。

那天，天气很好。下午，我来到东四一条并不宽敞却安静的胡同。门面不大，叶老的孙女叶小沫在门口迎接了我。院子是典型的四合院，小巧而典雅。刚进里院，一墙绿葱葱的爬山虎扑入眼帘，使得夏日的燥热一下安静许多，阳光都变成绿色的，在上面跳跃着，闪烁着迷离的光点。

叶小沫引我到客厅，叶老已在门口等候了。见到我，他像同大人一样同我握了握手，一下子让我觉得距离缩短不少。落座之后，他用浓重的苏州口音问了问我的年龄，笑着讲了句："你和小沫同龄呀！"那样随便、和蔼，拘束感消失了，作家头顶上神秘的光环也消失了。越是大作家越平易近人，原来他就如一位平常的老爷爷一样让人感到亲切。

想来有趣，那一下午，叶老没谈我那篇获奖的作文，也没谈写作。叶老没有向我传授什么文学创作的秘诀、要素或指南之类。相反，他几次问我各科学习成绩怎么样。我说我连续几年获得优良奖章，文科理科学习成绩都还不错。他说道："这样好！爱好文学的人不要只读文科的书，一定要多读各科的书。"他又让我背背中国历史朝代，我没有背全，有的朝代顺序还背颠倒了。他又说："我们中国人一定要搞清楚自己的历史，搞文学的人不搞清楚我们的历史更不行。"我知道这是对我的批评，也是对我的期望。

我们的交谈很融洽，仿佛我不是一个小孩，而是一个大人，一个他的老朋友。他亲切之中蕴含的认真，质朴之中包容的期待，把我小小的心融化了，以至不知黄昏什么时候到来，悄悄将落日的余晖染红窗棂。我一眼又望见院内那一墙爬山虎，黄昏中绿得沉郁，如同一片浓浓的湖水，映在客厅的玻璃窗上，不停摇曳着，显得虎虎有生气。那时候，我刚刚读过叶老写的一篇《爬山虎》，便突然问起来：“那篇《爬山虎》是不是就写的它们呀？”叶老笑着点点头：“是的，那是前几年写的呢！”说着，他眯起眼睛望望窗外那爬山虎。我不知那一刻老先生想起的是什么。但那眼神我很难忘，那爬山虎在我的记忆中常绿不衰。

我应该庆幸，有生以来第一次见到作家，竟是这样一位大作家，一位人品与作品都堪称楷模的大作家。他对于一个孩子平等真诚又宽厚期待的谈话，让我 15 岁那个夏天富有生机和活力，仿佛那个夏天变长了，总有回味的嚼头。我好像知道了，或者我模模糊糊懂得了：作家就是这样做的，作家的作品就是这样写的。

很快，我就长大了。青春，实在经不起挥霍。那一年从北大荒插队回京探亲，我曾看望过叶老。正是春节前夕，他留下我吃晚饭，特意打开一瓶南方米酒。依然没有谈文学，人生况味[①]与醇厚的酒香在客厅里弥漫。春节过后，我们几个年轻人到叶老的客厅里还开了一个小小的联欢会。那一天正飘飞着雪花，叶老那么开心。在那样一个寒冷的日子里，他老人家依旧像我们年轻人一样，有着一颗不老的心，对生活永远不失去希望。我永远不会忘记他倚在沙发上爽朗的笑声，那样的笑声，窗外再寒冷的雪花也会被融化成潺潺春水。

以后，我回到北京。1983 年，我出了第一本书，自然首先想到叶老，便又来到这熟悉的小院，将书送去。尽管这是一本薄薄的小书，

---

① 况味：境况和情味。

我却懂得那里面有着叶老的心血和期望。他老人家很高兴，话语不多。我感到他的确老了，当时想他要是年轻些该多好啊，难得见到他这样热情平易又认真的老人！

最后一次见到叶老，是我办事正巧路过这里，顺便进去拜望。叶老的长子叶至善先生接待了我。我越过客厅悄悄来到叶老卧室门口，见他老人家正伏案写作。我没有打搅老人家，悄悄地退了回来。那背影显得格外瘦削，瘦得让人心发紧发疼。想想二十多年前第一次见到他老人家的情景，一切恍若梦中！二十余年光阴，将我们一个个催长成人，他老人家却老了。走出房门，来到院落，那一墙爬山虎早已叶落干净。正是冬日，它只剩下干干的枯枝在寒风中轻轻抖动着……

但是，在我的眼中，我依然顽固地觉得，那一片爬山虎永远那么绿着，一如二十多年前那个夏天第一次见到一样！

4. 金岳霖的魏晋风度

⊙王开林

有些人城府深，门禁严，大门之内还有二门，二门之内还有三门。金岳霖特别单纯，他不功利，也不势利，是著名的老顽童。

少年时，赶上辛亥革命，他兴冲冲地剪掉辫子，意犹未尽，又仿照崔颢的《黄鹤楼》作打油诗一首：“辫子已随前清去，此地空余和尚头。辫子一去不复返，此头千载光溜溜。”谐诗流出，立刻传为闾巷笑谈。

梅贻琦校长外出时，清华校务由陈岱孙代理。某日，金岳霖内急，发觉手纸已经用光，于是他起草一张字条，向陈岱孙求教：“伏以台端坐镇，校长无此顾之忧；留守得人，同事感追随之便。兹有求者，我没有黄草纸了，请赐一张，交由刘顺带到厕所，鄙人到那里坐殿去也。”这就是魏晋名士的派头，连俗事也可捯饬得风雅绝伦。

金岳霖终身未婚，朋友们的孩子都叫他“金爸”，他喜欢搜罗大个头水果，比如雪花梨、苹果、橙、柚、石榴，将它们摆在书案上，或拿去跟孩子们比赛，这种较量往往要拉锯多个回合。好一位独孤求败，输了比赢了更开心。在书房里他收藏着“水果状元”，谁能吃到它，谁就是得意门生。

金岳霖对中国的大种鸡了如指掌，他养过大黑狼山鸡，还养过大斗鸡。房屋一隅他摆放长排蛐蛐罐，只为在寂静的夜晚倾听它们的“瞿瞿奏鸣曲”。吃饭时，大斗鸡跳上餐桌，伸长脖颈啄食荤素，他不驱不赶，待若家人。在《世说新语》中，阮氏兄弟与猪崽共用大瓮饮酒，已属一奇，金岳霖不遑多让。

金岳霖有个规矩和习惯：上午不见客，不干其他事务，集中精力读书写字。构思时，他静坐冥想，仿佛老僧入定，红尘俗务不复萦怀。有一次，人们如惊弓之鸟般都跑空袭警报去了，他却窝在宿舍里，浑然未觉，岿然不动。待警报解除，大家奔回废墟寻人，竟发现他提笔而立，呆若木鸡，浑身都是尘土。

金岳霖讲课，不带讲义，只带粉笔，但十有八九黑板上不着一字。他的课学生爱听，大教室座无虚席。他喜欢提问，西南联大没有点名册，他就想出奇招：“今天，穿红毛衣的女同学回答问题。”将令一下，所有穿红衣的女同学都会深呼吸，既忐忑，又光荣。

沈从文教语体文写作，主动为青年弟子开“小灶”，将金岳霖拉去讲“小说和哲学”。大家仰颈翘盼金先生讲出一番精深的道理来。不料他迂回曲折地讲了半天，结论仍是“小说和哲学没有关系”。有人纳闷，问道：“《红楼梦》算不算一个例外？”他说：“红楼梦里的哲学不是哲学。”说话间，他突然停顿下来，把右手伸进后脖颈，捉出一只跳蚤，捏在指间，细细打量，那神情比京城名捕逮住钦犯还要得意。

钱端升教授的夫人陈公蕙有一句趣谈:“那个老金呀，早年的事情是近代史，现在的事情是古代史。”金岳霖能够将昆明大观楼的长联倒背如流，却经常忘记自己的姓名。有一回，他给老友陶孟和打电话，接通后，陶家用人问道:“您哪儿?”金岳霖答不上来，就回答:“你别管我是谁，找陶先生说话就行。”不料陶家用人跟他较真，不报姓名不通融。金岳霖无奈，只好回头问自己的车夫王喜，王喜摸了摸后脑勺，替他理出头绪来:“只听见人家叫您金博士。”一个“金”字点醒梦中人，他又恍然记起了自己的名字。

金岳霖是单身汉，拿着一级教授的高工资，他乐得资助学生和朋友。乔冠华到德国留学，金岳霖资助几百块大洋，乔冠华至死都感念他的再造之恩。抗战期间，米珠薪桂，“教授教授，越教越瘦”。某日清晨，张奚若的夫人发现椅子上放着一叠钞票，她很惊讶，这么多钱是哪位客人不小心遗落的?张奚若回想之后，立刻断定“这是老金干的好事”。

晚年，金岳霖体弱多病，常赴协和就医。因当时不能乘坐汽车，他就屈就平板三轮车，自携小马扎，身穿长棉袍，任人慢慢悠悠一路蹬过去。他觉得蛮好玩，并不感到憋屈和难受。

多年后，冯友兰在《怀念金岳霖先生》一文中写道:“金先生的风度很像魏晋大玄学家嵇康。嵇康的特点是‘越名教而任自然’，天真烂漫，率性而行;思想清楚，逻辑性强;欣赏艺术，审美感高……金先生的著作，我们可以继续研究，金先生的风度是不能再见了。”

赤子和名士，在金岳霖身上实现了无缝结合，他的可爱是公认的。

5. 不知为不知

⊙汪　明

爸[1]的学识渊博是人所共知的。但是他从来都不倚老卖老，把自己看得多么了不得。对于一些他自己不懂的东西，不但坦然承认，而且总是很虚心地向人求教，不耻下问，包括他的子女、孙辈。

我刚从兵团回来那阵子，因为闲着没事干，便成为爸新出炉文章的第一个“评审官”。往往是爸刚写完了最后一个句号，便很诚心诚意地招呼：“妞儿，写完啦！来给老头儿看看？”我于是毫不客气地读他的文章。说实话，因为我自己阅历很浅，对爸文章的妙处并不十分了解，当然也就不能充分地欣赏，但仍理直气壮地用挑剔的眼光给他找毛病。——“爸，这里的标点用得不大对！”爸立刻颠巴颠巴走过来，上下看看：“不顺眼？改！”——“爸，这句话读起来不太通顺呀！”老头儿痛痛快快：“改！”在爸的鼓励下，本来干干净净的稿纸被我信笔勾画得一塌糊涂。爸笑着说：“蛮像一个编辑！”

有一次，爸在文章里用了一个“慑”字，问他是什么字，爸说念 shèn，还解释说，是使人心里慌张害怕的意思。我搬来字典：“哪

① 本文中的“爸”指著名作家汪曾祺。

有这么一个字儿？应该写作‘瘆’，以后不懂要问，不许胡编乱造！”爸很认真地看了字典上的词条，又仔细地打量这个“瘆”：“比我造的那个‘慑’字有道理！”他在稿纸上反复写了“瘆”字，我用教训的语气问：“记住啦？”爸老老实实地答道：“记住啦！”“以后不要不懂装懂！”爸应道：“是喽！”后来爸在几篇文章里都用了这个字，果然记得很牢。

爸在一篇文章里谈到知识的积累，说一个人知识的积累就像冰山一样，往往只有四分之一漂浮在水面上，而多达四分之三的知识平时是淹没在水下，在别人看不到的地方。由此谈到年轻人应该踏踏实实地学东西，不要急于求成。文章发表后颇得评论赞赏，但在我们家里，却掀起了轩然大波。

妈说爸是“科盲”：“你为什么不查一查《辞海》，或问一问别人，冰山到底是怎么一回事？不是四分之一和四分之三的比例，而是六分之一与六分之五的比例！”——妈的工作是写对外新闻的特稿，因此对数据的要求很严谨，备了一大堆各种各样的中外文辞典，随时查看。我们搬了《辞海》为爸查了“冰山”的词条，虽然与妈说的略有出入，但显然爸的“四分之三”差得更远。于是，一家大小开始你一言我一语地向老头儿发起“攻势”：“你得尊重科学，不要想当然！”“老头儿，你也算得上有影响的人物了，写文章、说话别信口开河，误导读者！”爸缩在沙发上，听任我们急风暴雨般地一通攻击，满脸愧色，无言以对，真的像做错了一件什么要紧的事儿。后来这篇文章再版时，爸忙不迭地更改了这个被我们定性为“老头儿特没文化”的错误。

有一年，希腊的一个古典剧团到北京演出，爸事先了解到剧目中有《被缚的普罗米修斯》，似乎很兴奋。看戏前的下午，他很认真地翻看了希腊神话故事，蛮有信心地对我说：“晚上咱俩一起去看怎么捆绑普罗米修斯，如果你看不懂，我来给你讲！”

那个戏果然古典，古典得就像在雅典点燃奥林匹克圣火，又神秘，又单调。舞台上灯光昏暗，布景也不光鲜，一群穿了宽大的本色白布长袍的男人女人在台上不慌不忙地踱来踱去，不紧不慢地吟着谁也听不懂的台词。爸刚开始还半蒙半猜地为我解说戏里的情节，后来只顾直着眼看戏，不理我了。

我觉得很无聊，又不忍心扫了爸的兴，只好坐在那儿假寐。不大工夫，爸捅捅我：“撤？”他拉着我，猫着腰，溜出了剧场。

在一间酒馆里，我们喝着啤酒。爸眯着眼，说：“离开那个沉闷的剧情，喝一杯冰凉的啤酒，真是至高享受！”我抱歉地说：“其实你可以不管我，把戏看完了再走的。”爸忽然大笑起来：“我可没有兴致看完！”“为什么？”“因为——我压根就没弄懂！”

爸说，戏肯定是好戏，要不怎么会成为经典呢？看不懂，只能说是自己差劲。他说原以为下午看了书，晚上再看戏不会有什么困难了，谁知蛮不是那么回事儿！

离开酒馆，我挽着爸的胳膊漫步，走在清冷的月光下，爸兴致勃勃地聊他年轻时演戏的经历，又很诚恳地承认，他接触西洋的东西比较少，“土老帽儿一个”！那一路，我觉得爸真是可爱，那个夜晚，我一直都记得。

单元学习任务

任务一

本单元重点学习略读，通过精读了解课文的特点后，要学会去略读同类文章，粗知文章大意并形成自己独特的阅读方法。

提示：阅读方法可从题目猜想文章内容、从题目发现问题、注意段首句、注意结尾与开头的呼应、注意评价性语句等角度选择。根据一定目的或需要确定阅读重点，其他文字则可以快速阅读。

文章标题	计划用时	实际用时	略读方法	阅读重点
怀念圣陶先生				
赵树理同志二三事				
朱自清				
永远的巴金				
那片绿绿的爬山虎				
金岳霖的魏晋风度				
不知为不知				

任务二

在了解文意、把握每篇文章思想内容和情感的基础上，抓住关键语句，说说你的感受。逐步形成独特的人生感悟，陶冶情操，净化心灵，追求道德修养的更高境界。

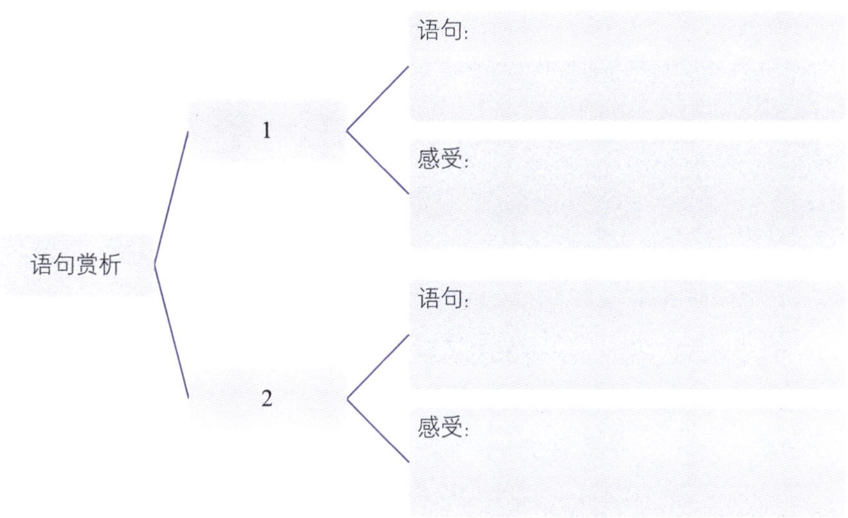

任务三

叶圣陶先生关于写文章要简洁的观点，对你有什么启发？拿出自己最近写过的作文，看看有没有累赘的地方。对作文做些修改，自评或互评，自改或互改，也可以挑选一些片段，大家一起修改。

累赘之处	我的修改

崇尚美德

冰心曾说："爱在左，同情在右。走在生命的两旁，随时撒种，随时开花，将这一径长途，点缀得香花弥漫，使穿枝拂叶的行人，踏着荆棘，不觉得痛苦，有泪可落，却不是悲凉。"纷繁的世界因为有了爱，逐渐变得暖意融融；复杂的生活因为有了爱，瞬间变得纯净美好；生命中的至暗时刻因为有了爱，顷刻间豁然开朗。因为有了爱，我们不再惧怕挫折、失败、打击……

阅读本单元文章，同学们要继续学习略读的方法，逐步提高略读速度，看能否在规定的时间内完成阅读任务。了解文章综合运用多种表达方式的方法，并概括故事情节，理解文章大意。

1. 马兰花

⊙李德霞

大清早，马兰花从蔬菜批发市场接了满满一车菜回来。车子还没扎稳，邻摊卖水果的三孬就凑过来说："兰花姐，卖咸菜的麻婶出事了……"

小说以麻婶出事开篇有什么作用？

马兰花一惊："出啥事啦？"

三孬说："前天晚上，麻婶收摊回家后，突发脑出血，幸亏被邻居发现，送到医院里……听说现在还在抢救呢。"

马兰花想起来了，难怪昨天就没看见麻婶摆摊卖咸菜。三孬又说："前天上午麻婶接咸菜钱不够，不是借了你六百块钱吗？听说麻婶的女儿从上海赶过来了，你最好还是抽空跟她说说去……"

整整一个上午，马兰花都提不起精神来，

不时地瞅着菜摊旁边的那块空地发呆。以前，麻婶就在那里摆摊卖咸菜，不忙的时候，就和马兰花说说话，聊聊天。有时买菜的人多，马兰花忙不过来，不用招呼，麻婶就会主动过来帮个忙……

中午，跑出租车的男人进了菜摊。马兰花就把麻婶的事跟男人说了。男人说："我开车陪你去趟医院吧。一来看看麻婶，二来把麻婶借钱的事跟她女儿说说，免得日后有麻烦。"

马兰花就从三孬的水果摊上买了一大兜水果，坐着男人的车去了医院。

麻婶已转入重症监护室里，还没有脱离生命危险。门口的长椅上，麻婶的女儿哭得眼泪一把，鼻涕一把。马兰花安慰了一番，放下水果就出了医院。男人撵上来，不满地对马兰花说："我碰你好几次，你咋不提麻婶借钱的事？"

丈夫与妻子的表现形成鲜明的对比。

马兰花说："你也不看看，这是提钱的时候吗？"

男人急了："你现在不提，万一麻婶救不过来，你找谁要去？"

马兰花火了："你咋尽往坏处想啊？你就肯定麻婶救不过来？你就肯定人家会赖咱那

六百块钱？啥人啊！”

男人铁青了脸，怒气冲冲地上了车。一路上，男人把车开得飞快。

第二天，有消息传来，麻婶没能救过来，前一天下午死在了医院里。麻婶的女儿火化了麻婶，带着骨灰连夜飞回了上海……

男人知道后，特意赶过来，冲着马兰花吼：“钱呢？麻婶的女儿还你了吗？我就没见过你这么傻的女人！”

男人出门时，一脚踢翻一只菜篓子，红艳艳的西红柿滚了一地。

细节描写生动传神。

马兰花的眼泪在眼眶里打转转。

从此，男人耿耿于怀，有事没事就把六百块钱的事挂在嘴边。马兰花只当没听见。一天，正吃着饭，男人又拿六百块钱说事了。男人说：“咱都进城好几年了，住的房子还是租来的。你倒好，拿六百块钱打了水漂儿……”

六百块钱对马兰花家真的很重要，马兰花为什么没要呢？

马兰花终于憋不住了，眼里含着泪说：“你有完没完？不就六百块钱吗？是个命……就当麻婶是我干妈，我孝敬了干妈，成了吧？”

男人一撂碗，拂袖而去，把屋门摔得山响。

动作描写凸显了人物心理。

日子像水一样流淌。转眼间，一个月过

去了。

这天，马兰花卖完菜回到家。一进门，就看见男人系着围裙，做了一桌香喷喷的饭菜。马兰花呆了，诧异地说："日头从西边出来啦？"

上小学二年级的女儿嘴快，说："妈妈，是有位阿姨给你寄来了钱和信……爸爸高兴，说是要犒劳你的……"

马兰花看着男人说："到底咋回事？"

男人挠挠头，嘿嘿一笑说："是麻婶的女儿从上海寄来的。"

"信里都说了些啥？"

男人从抽屉里取出一张汇款单和一封信，说："你自己看嘛。"

马兰花接过信，就着灯光看起来：

以麻婶女儿来信作为结局，既在意料之外，又在情理之中，不仅呼应了故事留下的悬念，还巧妙地造成了情节的逆转，颇具艺术匠心。

兰花姐，实在是对不起了。母亲去世后，我没来得及整理她的东西，就大包小包地运回上海了。前几天，清理母亲的遗物时，我意外地发现了一个小本本，上面记着她借你六百块钱的事，还有借钱的日期。根据时间推断，我敢肯定，母亲没有还过这笔钱。

本来，母亲在医院时，你还送了一兜

水果过来，可你就是没提母亲借钱的事……还好，我曾经和母亲到你家串过门，记着地址。不然，麻烦可就大了。汇去一千元，多出的四百块算是对大姐的一点补偿吧……还有一事，我听母亲说过，大姐一家住的那房子还是租来的。母亲走了，房子我用不上，一时半会也卖不了，大姐如果不嫌弃，就搬过去住吧，就当帮我看房子了……钥匙我随后寄去……

马兰花读着信，读出满眼的泪水……

学习提示

小说塑造了身处贫困但朴实善良、不为钱伤义的普通妇女的形象，她的丈夫是作为她的对立面出现的。阅读时，我们要从描写方法中感知人物，从故事情节变化中把握人物，从矛盾冲突中分析人物。

除了把握人物形象之外，你是否发现了文中有一明一暗两条线索？文中还三次写到马兰花流泪，每次流泪的表现都不同，心情也不一样，你知道为什么吗？

2. 一朵一朵的阳光

⊙周海亮

文章开头写“趴着一座石头和茅草垒成的小屋”“锈迹斑斑的门环”，有什么作用？

七月的阳光直直地烘烤着男人的头颅，男人如同穿在铁扦子上的垂死的蚂蚱。他穿过一条狭窄的土路，土路的尽头，趴着一座石头和茅草垒成的小屋。男人在小屋前站定，擦一把汗，喘一口气，轻轻叩响锈迹斑斑的门环。少顷，伴随着沉重的“嘎吱”声，一个光光的暗青色脑壳出现在他的面前。

“你找谁？”男孩扶着斑驳的木门，打量着他，家里没有大人。

“我经过这里，迷路了。”男人专注地看着男孩，“能不能给我一碗水？”

他目送着男孩进屋，然后在门前的树墩上坐下。树墩很大，年轮清晰，暗灰色，中间裂开一道深深的缝隙。屋子周围卧着很多这样的无辜树墩，那是多年才能长成的大树，该有着墨绿的树冠和巨大的绿荫，却在某一天里，被斧头或者铁锯生生放倒。

男人把一碗水一饮而尽。那是井水，清洌，甘甜，喝下去，酷热顿无。男人满足地抹抹嘴，问男孩：“只有你一个人吗？你娘呢？”

小说中的三碗水有深刻的象征意义，清洌、甘甜的井水象征着亲情的滋润，一次次带给男人身心的舒适，消除他内心的烦躁、恐惧与孤独。

“她下地了。”男孩说，“她扛了锄头，那锄头比她还高；她说阳光很毒，正好可以晒死刚刚锄下来的杂草；她得走上半个小时才能到地头，她带了满满一壶水；她天黑才能回来，回来的路上，她会打满一筐猪草；她回来后还得做饭，她坐在很高的凳子上往锅里贴玉米饼，她说她太累了，站不住；吃完饭，她还得喂猪，或者去园子里浇菜……除了睡觉，她一点儿空闲都没有……我想帮她做饭，可是我不会，我只能帮她烧火……今天我生病了，我没陪她下地……”

“你生病了吗？”男人关切地问他。

“早晨拉肚子。不过现在好了。”男孩眨眨眼睛，说。

“你今年多大？”男人问他，“七岁？”

“谁说七岁不能下地？”男孩盯着男人，反问道，“我能捆满满一筐猪草呢！”

男人探了探身子，他想摸摸男孩青色的脑壳。男孩机警地跳开，说："我不认识你。"

"你们怎么不住在村子里？"男人尴尬地笑，收回手。

"本来是住在村子里的，后来我爹跑了，我们就搬到山上来了……娘说她在村子里抬不起头来，所有人都在背后指指点点……我爹和别人打架，把人打残了……他跑了……"

"你爹跑了，跟你娘有什么关系？"

"当然有关系，他是娘的男人啊！"男孩不满地说，"娘说他的罪，顶多够判三年，如果他敢承担，现在，早出来了……可是他跑了。他害怕。他怕坐牢。他不要娘了，不要我了……娘说他不是男人，他不配做男人……"

"你认识你爹吗？"

"不认识。他跑掉的时候，我才一岁……我记不起他的模样……他长什么模样都跟我没有关系……他跑了，就不再是我爹。"男孩接过男人递过来的空碗，问他，"还要吗？"

男人点点头，看男孩返身回屋。他很累，再一次在树墩上坐下。阳光毫无遮拦地直射下来，将他烤成一朵火熄，他听到自己的皮肤发出毕毕剥剥的声响。

男人再次将一碗水喝得精光。燥热顿消，男人感觉久违的舒适从牙齿直贯脚底——茫茫路途中，纵是一碗草屋里端出的井水，也能给人最纯粹的满足、幸福和安宁啊！

男人将空碗放在树墩上，问男孩："你和你娘，打算就这样过下去吗？"

男孩仰起脑袋："娘说，在这里等爹……"

"可是他逃走了。他怕坐牢，逃走了……你和你娘都这样说……你们还能等到他吗？"

"不知道。"男孩说，"我和我娘都不知道。可是娘说我们在这里等着，就有希望。如果他真的回来，如果他回来以后连家都没有了，他肯定会继续逃亡。那么，这一辈子，每一天，他都会胆战心惊……"

男人与男孩的这段对话，有什么作用？

"就是说你和你娘仍然在乎他？"

"是的。他现在不是我爹，不是娘的男人。"男孩认真地说，"可是如果他回来，我想我和我娘，都会原谅他的。"

男人叹一口气，站起来，似乎要继续赶路。突然他顿住脚步，问男孩："你们为什么要砍掉门前这些树？"

“因为树挡住了房子。”男孩说，“娘说万一哪一天你爹知道我们住在这里，突然找回来，站在山腰，却看不到房子，那他心里会有多失望啊！他会转身就走，再也不会回来吧？娘砍掉这些树，用了整整一个春天……”

男人沉默良久。太阳静静地喷射着火焰，世间的一切仿佛都被烤成了灰烬。似乎，有生以来，男人还是头一次如此畅快地接受这样炽热的阳光。脑后火辣辣麻酥酥的，痛。可是痛得爽快，痛得舒服。——这之前，他品尝过太多的阴冷。

他低下头，问男孩：“我能再喝一碗水吗？”

这一次，他随男孩进到屋里。他站在角落里，看阳光透过窗棂爬上灶台。

“看到了吗？”男孩说，“灶台上，有一朵阳光。”

“一朵？”

“是的，娘这么说的。娘说阳光都是一朵一朵的，聚到一起，抱成团，就连成了片，就有了春天。分开，又变成一朵一朵，就有了冬天。一朵一朵的阳光聚聚合合，就像世上的人们，就像家。”男孩把盛满水的碗递给男人，说，

“娘还说，爬上灶台的这朵阳光，某一天，也会照着你爹的脸呢。”

> “爬上灶台的这朵阳光，某一天，也会照着你爹的脸呢。”这句话表达了一种思念，也传递了一种信念，妻子相信丈夫终有一天会幡然醒悟。

男人喝光第三碗水。他蹲下来，细细打量男孩的脸。男人终于流下一滴泪，为男孩，为男孩的母亲，也为自己。他从怀里掏出一张照片，哽咽着，塞给男孩。他说：“从此以后，你和你娘，再也不用担惊受怕了……可是你们，至少还得等我三年。”

照片上，有年轻的自己、年轻的女人，以及年幼的男孩。

男人走出屋子，走进阳光之中。一朵一朵的阳光，抱成了团，连成了片，让男人无处可逃……

学习提示

一个宽容大度的妻子，一个天真淳朴的男孩，能让负罪潜逃的男人幡然醒悟吗？锈迹斑斑的门环，苦苦等待的女人，娓娓诉说的男孩，会等来一家人的幸福团圆吗？一朵一朵的阳光，会抱成团，连成片吗？认真阅读，相信你一定会找到答案。

小说以人物对话构筑全篇，男人与男孩的对话将一个女人的辛苦人生和美好心灵展现出来，而环境描写的前后照应也深化了小说的主题，阅读时请关注。

1. 书　桌

⊙叶圣陶

十多年前寄居乡下的时候，曾经托一个老木匠做一张书桌。我并不认识这个老木匠，向当地人打听，大家一致推荐他，我就找他。

对于木材，我没有成见，式样也随便，我只要有一张可以靠着写写字的桌子罢了。他代我做主张，用梧桐，因为他那里有一段梧桐，已经藏了好几年，干了。他又代我规定桌子的式样。两旁边的抽屉要多少高，要不然装不下比较累赘的东西。右边只须做一只抽屉，抽屉下面该是一个柜子，安置些重要的东西，既见得稳当，取携又方便。左右两边里侧的板距离要宽些，要不然，两个膝盖时时触着两边的板，就感觉局促，不舒服。我样样依从了他，当时言明工料价六块钱。

过了一个星期，过了半个月，过了二十多天，不见他把新书桌送来。我再不能等待了，特地跑去问他。他指着靠在阴暗的屋角里的一排木板，说这些就是我那新书桌的材料。我不免疑怪，二十多天工夫，只把一段木头解了开来！

他看出我的疑怪，就用教师般的神情给我开导。说整段木头虽然干了，解了开来，里面还未免有点儿潮。如果马上拿来做家伙，不久就会出毛病，或是裂一道缝，或是接榫处松了。人家说起来，这是某某做的“生活”，这么脆弱不禁用。他向来不做这种“生活”，也向来没有受过这种指摘。现在这些木板，要等它干透了，才好动手做书桌。

他恐怕我不相信，又举出当地的一些人家来，某家新造花厅，添置桌椅，某家小姐出阁准备嫁妆，木料解了开来，都搁在那里等待半年八个月再上手呢。“先生，你要是有工夫，不妨到他们家里去看看，我做的家伙是不容它出毛病的。”他说到“我做的家伙”，黄浊的眼睛放射出夸耀的光芒，宛如文人朗诵他的得意作品时候的模样。

我知道催他快做是无效的，好在我并不着急，也就没说什么催促的话。又过了一个月，我走过他门前，顺便进去看看。一张新书桌站在墙边了，近乎乳白色的板面显出几条年轮的痕迹。老木匠正弯着腰，几个手指头抵着一张“沙皮”，在磨擦那安抽屉的长方孔的边缘。

我说再过一个星期，大概可以交货了吧。他望望屋外的天，又看看屋内高低不平的泥地，摇头说：“不行。这样干燥的天气，怎么能上漆呢？要待转了东南风，天气潮湿了，上漆才容易干，才可以透入木头的骨子里去，不会脱落。”

此后下了五六天的雨。乡下的屋子，室内铺着方砖，每一块都渗出水来，像劳工背上淌着汗。无论什么东西，手触上去总觉得黏黏的。穿在身上的衣服也散发出霉蒸气。我想，我的新书桌该在上漆了吧。

又过了十多天，老木匠带同他的徒弟把新书桌抬来了。栗壳色，油油的发着光亮，一些陈旧的家具有它一比更见得黯淡失色了。老木匠问明了我，就跟徒弟把书桌安放在我指定的地位，只恐徒弟不当心，让桌子跟什么东西碰撞，因而擦掉一点儿漆或是划上一道纹路，他连声发出“小心呀”“小心呀”的警告。直到安放停当了，他才松爽地透透气，站远一点儿，用一只手摸着长着灰色短须的下巴，悠然地鉴赏他的新作品。我交给他六块钱，他随便看了一眼就握在手心里，眼光重又回到他的新作品。最后说：“先生，你用用看，用了些时，你自然会相信我做的家伙是可以传子孙的。”他说到“我做的家伙”，夸耀的光芒又从他那黄浊的眼睛放射出来了。

以后十年间，这张书桌一直跟着我迁徙。搬运夫粗疏的动作使书桌添上不少纹路。但是身子依旧很结实，接榫处没有一点儿动摇。直到“一·二八”战役，才给毁坏了。大概是日本军人刺刀的功绩。以为锁着的柜子里藏着什么不利于他们的东西，前面一刀，右侧一刀，把两块板都划破了。左边只有三只抽屉，都没有锁，原可以抽出来看看的，大概因为军情紧急吧，没有一只一只抽出来看的余裕，就把左侧的板也划破了，而且拆了下来，丢在一旁。

事后，我去收拾残余的东西。看看这张相守十年的书桌，虽然像被残害的尸体一样，肚肠心肺都露出来了，可是还舍不得就此丢掉。于是请一个木匠来，托他修理。木匠说不用抬回去，下一天带了材料和家伙来修理就是了。

第二天下午，我放工回家，木匠已经来过，书桌已经修理好了。真是看了不由得生气的修理！三块木板刨也没刨平。边缘并不嵌入木框的槽里，只用几个一寸钉把木板钉在木框的外面。涂的是窑煤似的黑漆，深一搭，淡一搭，仿佛还没有刷完工的黑墙头。工料价已经领去，大洋一块半。

我开始厌恶这张书桌了。想起制造这张书桌的老木匠，他那种一丝不苟的态度，简直使缺少耐性的人受不住，然而他做成的家伙却是无可批评的。同样是木匠，现在这一个跟老木匠比起来，相差太远了。我托他修理，他就仅仅按照题目做文章，还我一个修理。木板破了，他给我钉上不破的。原来涂漆的，他也给我涂上些漆。这不是修理了吗？然而这张书桌不成一件家伙了。

同样的事在上海时时会碰到。从北京路那些木器店里买家具，往往在送到家里的时候就擦去了几处漆，划上了几条纹路。送货人有他的哲学。你买一张桌子，四把椅子，总之送给你一张桌子，四把椅子，决不短少一件。擦去一点儿漆，划上几条纹路，算得什么呢！这种家具使用不久，又往往榫头脱出了，抽屉关不上了，叫你看着不舒服。你如果去向店家说话，店家又有他的哲学给你作答。这些家具在出门的时候都是好好的，总之我们没有把破烂的东西卖给你。至于出门以后的事，谁管得了！这可以叫作“出门不认货”主义。

又譬如冬季到了，你请一个洋铁匠来给你装火炉。火炉不能没有通气管子，通气管子不能没有支持的东西，他就横一根竖一根地引出铅丝去，钉在他认为着力的地方。达，达，达，一个钉子钉在窗框上。达，达，达，一个钉子钉在天花板上。达，达，达，一个钉子钉在墙壁上。可巧碰着了砖头，钉不进去，就换个地方再钉。然而一片粉刷已经掉了下来，墙壁上有了伤疤了。也许钉了几回都不成功，他就凿去砖头，嵌进去一块木头。这一回当然钉牢了，然而墙壁上的伤疤更难看了。等到他完工，你抬起头来看，横七竖八的铅丝好似被摧残的蜘蛛网，曲曲弯弯伸出去的洋铁管好似一条呆笨的大蛇，墙壁上散布着伤疤好像谁在屋子里乱放过一阵手枪。即使火炉的温暖能给你十二分舒适,看着这些,那舒适不免要打折扣了。但是你不能怪洋铁匠，他所做的并没有违反他的哲学。你不是托他装火炉吗？他依你的话把火炉装好了。还有什么好说呢？

倘若说乡下那个老木匠有道德，所以对于工作不肯马虎，上海的工匠没有道德，所以只图拆烂污，出门不认货，不肯为使用器物的人着想，这未免是拘墟之见。我想那个老木匠，当他幼年当徒弟的时候，大概已经从师父那里受到熏陶，养成了那种一丝不苟的态度了吧。而师父的师父也是这么一丝不苟的，从他的徒孙可以看到他的一点儿影像。他们所以这样，为的是当地只有这么些人家做他们永远的主顾，这些人家都是相信每一件家伙预备传子孙的，自然不能够潦潦草草对付过去。乡下地方又很少受时间的催迫。女儿还没订婚，嫁妆里的木器却已经在置办了。定做了一件家具，今天拿来使用跟下一个月拿来使用，似乎没有什么分别，甚至延到明年拿来使用也不见得怎样不方便。这又使他们尽可以耐着性儿等待木料的干燥和天气的潮湿。更因主顾有限，手头的工作从来不会拥挤到忙不过来，他们这样从从容容，细磨细琢，一半自然是做“生活”，一半也就是消闲寄兴的玩意儿。在这样情形之下做成的东西，固然无非靠此换饭吃，但是同时是自己精心结撰的制作，不能不对它发生珍惜爱护的心情。总而言之，是乡下的一切生活方式形成了老木匠的那种态度。

都市地方可不同了。都市地方的人口是流动的，同一手艺的作场到处都有，虽不能说没有老主顾，像乡下那样世世代代请教某一家作场的老主顾却是很少的。一个工匠制造了一件家具，这件家具将归什么人使用，他无从知道。一个主顾跑来，买了一两件东西回去，或是招呼到他家里去为他做些工作，这个主顾会不会再来第二回，在工匠也无从预料。既然这样，工作潦草一点儿又何妨？而且，都市地方多的是不嫌工作潦草的人。每一件东西预备传子孙的观念，都市中人早已没有了（他们懂得一个顶扼要的办法，就是把钱传给子孙，传了钱等于什么都传下去了）。代替这个观念的是想要什么立刻有什么。住亭子间的人家新搬家，看看缺少一张半桌，跑出去一趟，一张半桌载在黄包车上带回来了，觉得很满意。住前楼的文人晚上写稿子，感到冬天的寒气有点儿受不住，立刻请个洋铁匠来，给装上个火炉。生起火炉来写稿子，似乎文思旺盛得多。富翁见人家都添置了摩登家具，看看自己家里，还一件也没有，相形之下不免寒碜，一个电话打出去，一套摩登家具送来了。陈设停当之后，非常高兴，马上打电话招一些朋友来叙叙。年轻的小姐被邀请去当女傧相了，非有一身“剪刀口里”的新装不可，跑到服装公司里，一阵的挑选和叮嘱，质料要时髦，缝制要迅速，临到当女傧相的时刻，心里又骄傲又欢喜，仿佛满堂宾客的眼光一致放弃了新娘而集中在她一个人身上似的。当然，“想要什么”而不能“立刻有什么”的人居大多数，为的是钱不凑手。现在单说那些想要什么立刻有什么的，他们的满足似乎只在“立刻有什么”上，要来的东西是否坚固结实，能够用得比较长久，他们是不问的。总之，他们都是不嫌工作潦草的人。主顾的心理如此，工匠又何苦一定要一丝不苟？都市地方有一些大厂家，设着验工的部分，检查所有的出品，把不合格的剔出来，不让它跟标准出品混在一起，因而他们的出品为要求形质并重的人所喜爱。但是这种办法是厂主为要维持他那“牌子”的信用而想出来的，在工人却是一种麻烦，如果手制的货品被认为不合格，就有罚工钱甚至停工的灾难。现在工厂里的工人再也不会把手制的货品看作艺术品了。他们只知道货品是玩弄他们生命的怪物，必须服侍了它才有饭吃，可是无论如何吃不饱。——工人的这种态度和观念，也是都市地方的一切生活方式形成的。

近年来乡下地方正在急剧地转变，那个老木匠的徒弟大概要跟他的师父以及师父的师父分道扬镳了。

1937 年 8 月 1 日发表

2. 行路易

⊙丰子恺

古人有“行路难”这句老话。但在今日的新中国，这句话已经失却时效。今日在中国是“行路易”的时代了。有事为证：

我久不乘电车了。前几天我出门买物，到站上等电车。我看见电车将要到站，无意识地全身紧张起来，这是新中国成立前长年的习惯所使然：一则因为人都争先恐后，攀登要敏捷，不然吃售票员或别人的骂；二则担心着车中无座位，必须捷足先登，拼命争取。然而我的无意识的紧张是徒劳的：车子一停下，售票员先喊：“让老先生先上车！”他就伸手拉着我的左臂。接着站台上有一个乘客扶着我的右臂，一迎一送，我毫不费力地上了电车，犹如乘升降机一般。

车厢里不能说很挤，但也已经没有座位，并且有四五个人站着。我一上车，同时有两三个人站起来让位，招呼我去坐。我正在犹豫的时候，离开我最近的一个青年乘客敏捷地站起身来，说“这里近便”，就硬拉我坐下了。接着有一个女青年乘客拿着一把折叠扇默默地送交我。原来这是我的扇子，插在衣袋里，上车时掉落在站台上，她拾了来送还我的。

过了几站，下车的人多了，车厢里空起来。售票员拿出些连环画小册子来，向人推荐。我也接了一册。坐在我旁边的一个壮年男乘客笑着向他婉谢，说："我有些头晕，不想看书。"卖票员眉头一皱，伸手向袋袋里摸出一匣万金油来，说："阿要塌点万金油？"乘客感谢地接受了。这时候我发生一种感觉：觉得我好像不是在乘电车，而是在做客，或者坐在家里。

我下车后，走到国际书店去买了一大包书。我提了这包书走到第一百货商店，上楼去买了两瓶酒和两瓶橘子露。我一只手挟了一大包洋装书，一只手提了四瓶酒和露，从扶梯上走下去的时候，觉得负担相当重；那根拐杖不能扶我，反而吊住我的手臂，要我负担它了。忽然一个穿人民装的青年走近我来，说："老伯伯，我帮你拿，送你上车。"就抢了我两只手里的两件重东西，和我并肩走下扶梯去。我想夺回一件，但他一定不肯，说："我们年轻人不在乎。"我拄着拐杖和他一同走到了商店门口，想雇三轮车。可是门口没有车子，须得跑一段路，到横路口的停车处去雇。我不好意思再让他送，伸手想夺回两件东西，说："走平路我自己拿得动。"但他又一定不肯，把东西藏在身后，不让我夺。我只得由他护送，一直护送我上三轮车。到了家门口，三轮车的驾驶员又替我拿了这两件重东西，送到我家里，放在桌子上。

我坐在三轮车里的时候，抚今思昔，觉得这真是"行路易"的时代了！我多么幸福！同时我又回想起了30多年前的一件小事：那时我住在东京，有一个夏天的傍晚，和五六个朋友出门去散步乘凉。

正在迎着海风逍遥徜徉的时候，横弄里走出一个老太婆来，她搬着一大块棕棚之类的重东西，气喘地走在我们后面。忽然她向我们的队伍里喊："你们哪一位替我搬一搬，好不好？"我们都是带了轻松愉快的心情出来乘凉散步的，不愿意搬重东西，大家婉谢她，快步向前，避开了她。……当时我曾经把这件事写成一篇随笔（见人民文学出版社版《缘缘堂随笔》第 5 页《东京某晚的事》）。这篇随笔的末了说：

"我每次回想起这件事，总觉得很有意味。我从来不曾从素不相识的路人受到这样唐突的要求。那老太婆的话，似乎应该用在家庭里或学校里，决不是在路上可以听到的。这是关系深切而亲爱的小团体中的人们之间所有的话，不适用于'社会'或'世界'的大团体中的所谓'陌路人'之间。这老太婆误把陌路当作家庭了。

"这老太婆原是悖事的，唐突的。然而我却在想象：假如真能像这老太婆所希望，有这样的一个世界：天下如一家，人们如家族，互相亲爱，互相帮助，共乐其生活，那时陌路就变成家庭，这亲爱，互助[①]老太婆就并不悖事，并不唐突了。这是多么可憧憬的世界。"

这篇随笔是 1925 年写的，即 33 年前写的。我今天出门乘车买物所经历的，正是当时我所憧憬的那个世界里的状态。想不到我当时在外国所梦想的世界，会在 33 年后的新中国实现。这真是多么可庆喜而光荣的事啊！

1958 年 6 月于上海作

① 亲爱，互助：疑为衍字。

3. 百合花

⊙茹志鹃

一九四六年的中秋。

这天打海岸的部队决定晚上总攻。我们文工团创作室的几个同志，就由主攻团的团长分派到各个战斗连去帮助工作。大概因为我是个女同志吧！团长对我抓了半天后脑勺，最后才叫一个通讯员送我到前沿包扎所去。

包扎所就包扎所吧！反正不叫我进保险箱就行。我背上背包，跟通讯员走了。

早上下过一阵小雨，现在虽放了晴，路上还是滑得很，两边地里的秋庄稼，却给雨水冲洗得青翠水绿，珠烁晶莹。空气里也带有一股清鲜湿润的香味。要不是敌人的冷炮在间歇地盲目地轰响着，我真以为我们是去赶集的呢！

通讯员撒开大步，一直走在我前面。一开始他就把我撂下几丈远。我的脚烂了，路又滑，怎么努力也赶不上他。我想喊他等等我，却又怕他笑我胆小害怕；不叫他，我又真怕一个人摸不到那个包扎所。我开始对这个通讯员生起气来。

嗳！说也怪，他背后好像长了眼睛似的，倒自动在路边站下了。但脸还是朝着前面，没看我一眼。等我紧走慢赶地快要走近他时，他又蹬蹬蹬地自个向前走了，一下又把我甩下几丈远。我实在没力气赶了，索性一个人在后面慢慢晃。不过这一次还好，他没让我撂得太远，但也不让我走近，总和我保持着丈把远的距离。我走快，他在前面大踏步向前；我走慢，他在前面就摇摇摆摆。奇怪的是，我从没见他回头看我一次，我不禁对这通讯员发生了兴趣。

刚才在团部我没注意看他，现在从背后看去，只看到他是高挑挑的个子，块头不大，但从他那副厚实实的肩膀看来，是个挺棒的小伙，他穿了一身洗淡了的黄军装，绑腿直打到膝盖上。肩上的步枪筒里，稀疏地插了几根树枝，这要说是伪装，倒不如算作装饰点缀。

没有赶上他，但双脚胀痛得像火烧似的。我向他提出了休息一会儿后，自己便在做田界的石头上坐了下来。他也在远远的一块石头上坐下，把枪横搁在腿上，背向着我，好像没我这个人似的。凭经验，我晓得这一定又因为我是个女同志的缘故。女同志下连队，就有这些困难。我着恼地带着一种反抗情绪走过去，面对着他坐下来。这时，我看见他那张十分年轻稚气的圆脸，顶多有十八岁。他见我挨他坐下，立即张皇起来，好像他身边埋下了一颗定时炸弹，局促不安，掉过脸去不好，不掉过去又不行，想站起来又不好意思。我拼命忍住笑，随便地问他是哪里人。他没回答，脸涨得像个关公，讷讷半晌，才说清自己是天目山人。原来他还是我的同乡呢！

“在家时你干什么？”

“帮人拖毛竹。”

我朝他宽宽的两肩望了一下，立即在我眼前出现了一片绿雾似的竹海，海中间，一条窄窄的石级山道，盘旋而上。一个肩膀宽宽的小伙，肩上垫了一块老蓝布，扛了几枝青竹，竹梢长长地拖在他后面，刮打得石级哗哗作响。……这是我多么熟悉的故乡生活啊！我立刻对这位同乡，越加亲热起来。我又问：

“你多大了？”

“十九。”

“参加革命几年了？”

“一年。”

“你怎么参加革命的？”我问到这里自己觉得这不像是谈话，倒有些像审讯。不过我还是禁不住地要问。

“大军北撤时我自己跟来的。”

“家里还有什么人呢？”

“娘，爹，弟弟妹妹，还有一个姑姑也住在我家里。”

“你还没娶媳妇吧？”

“……”他飞红了脸，更加忸怩起来，两只手不停地数摸着腰皮带上的扣眼。半晌他才低下了头，憨憨地笑了一下，摇了摇头。我还想问他有没有对象，但看到他这样子，只得把嘴里的话，又咽了下去。

两人闷坐了一会儿，他开始抬头看看天，又掉过来扫了我一眼，意思是在催我动身。

当我站起来要走的时候，我看见他摘了帽子，偷偷地在用毛巾拭汗。这是我的不是，人家走路都没出一滴汗，为了我跟他说话，却害他出了这一头大汗，这都怪我了。

我们到包扎所，已是下午两点钟了。这里离前沿有三里路，包扎所设在一个小学里，大小六个房子组成品字形，中间一块空地长了许多野草，显然，小学已有多时不开课了。我们到时屋里已有几个卫生员在弄着纱布棉花，满地上都是用砖头垫起来的门板，算作病床。

我们刚到不久，来了一个乡干部，他眼睛熬得通红，用一片硬柏纸插在额前的破毡帽下，低低地遮在眼睛前面挡光。他一肩背枪，一肩挂了一杆秤；左手挎了一篮鸡蛋，右手提了一口大锅，呼哧呼哧地走来。他一边放东西，一边对我们又抱歉又诉苦，一边还喘息地喝着水，同时还从怀里掏出一包饭团来嚼着。我只见他迅速地做着这一切，他说的什么我就没大听清。好像是说什么被子的事，要我们自己去借。我问清了卫生员，原来因为部队上的被子还没发下来，但伤员流了血，非常怕冷，所以就得向老百姓去借。哪怕有一二十条棉絮也好。我这时正愁工作插不上手，便自告奋勇讨了这件差事，怕来不及就顺便也请了我那位同乡，请他帮我动员几家再走。他踌躇了一下，便和我一起去了。

我们先到附近一个村子，进村后他向东，我往西，分头去动员。不一会儿，我已写了三张借条出去，借到两条棉絮、一条被子，手里抱得满满的，心里十分高兴，正准备送回去再来借时，看见通讯员从对面走来，两手还是空空的。

“怎么，没借到？”我觉得这里老百姓觉悟高，又很开通，怎么会没有借到呢？我有点惊奇地问。

“女同志，你去借吧！……”

“哪一家？你带我去。”我估计一定是他说话不对，说崩了。借不到被子事小，得罪了老百姓影响可不好。我叫他带我去看看。但他执拗地低着头，像钉在地上似的，不肯挪步。我走近他，低声地把群众影响的话对他说了。他听了，果然就松松爽爽地带我走了。

我们走进老乡的院子里，只见堂屋里静静的，里面一间房门上，垂着一块蓝布红额的门帘，门框两边还贴着鲜红的对联。我们只得站在外面向里“大姐、大嫂”地喊，喊了几声，不见有人应，但响动是有了。一会儿，门帘一挑，露出一个年轻媳妇来。这媳妇长得很好看，高高的鼻梁，弯弯的眉，额前一溜蓬松松的刘海。穿的虽是粗布，倒都是新的。我看她头上已硬翘翘地挽了髻，便大嫂长大嫂短地向她道歉，说刚才这个同志来，说话不好别见怪，等等。她听着，脸扭向里面，尽咬着嘴唇笑。我说完了，她也不作声，还是低头咬着嘴唇，好像忍了一肚子的笑料没笑完。这一来，我倒有些尴尬了，下面的话怎么说呢？我看通讯员站在一边，眼睛一眨不眨地看着我，好像在看连长做示范动作似的。我只好硬了头皮，讪讪地向她开口借被子了，接着还对她说了一遍共产党的部队打仗是为了老百姓的道理。这一次，她不笑了，一边听着，一边不断向房里瞅着。我说完了，她看看我，看看通讯员，好像在掂量我刚才那些话的斤两。半晌，她转身进去抱被子了。

通讯员乘这机会，颇不服气地对我说道："我刚才也是说的这几句话，她就是不借，你看怪吧！……"

我赶忙白了他一眼，不叫他再说。可是来不及了，那个媳妇抱了被子，已经在房门口了。被子一拿出来，我方才明白她刚才不肯借的道理了。这原来是一条里外全新的新花被子，被面是假洋缎的，枣红底，上面撒满白色百合花。她好像是在故意气通讯员，把被子朝我面前一送，说："抱去吧。"

我手里已捧满了被子，就一努嘴，叫通讯员来拿。没想到他竟扬起脸，装作没看见。我只好开口叫他，他这才绷了脸，垂着眼皮，上去接过被子，慌慌张张地转身就走。不想他一步还没有走出去，就听见"嘶"的一声，衣服挂住了门钩，在肩膀处，挂下一片布来，口子撕得不小。那媳妇一面笑着，一面赶忙找针拿线，要给他缝上。通讯员却高低不肯，挟了被子就走。

刚走出门不远，就有人告诉我们，刚才那位年轻媳妇，是刚过门三天的新娘子，这条被子就是她唯一的嫁妆。我听了，心里便有些过意不去，通讯员也皱起了眉，默默地看着手里的被子。我想他听了这样的话一定会有同感吧！果然，他一边走，一边跟我嘟哝起来了。

"我们不了解情况，把人家结婚被子也借来了，多不合适呀！……"我忍不住想给他开个玩笑，便故作严肃地说：

“是呀！也许她为了这条被子，在做姑娘时，不知起早熬夜，多干了多少零活，才积起了做被子的钱，或许她曾为了这条花被，睡不着觉呢。可是还有人骂她……”

他听到这里，突然站住脚，呆了一会儿，说：

“那！……那我们送回去吧！”

“已经借来了，再送回去，倒叫她多心。”我看他那副认真、为难的样子，又好笑，又觉得可爱。不知怎么的，我已从心底爱上了这个傻乎乎的小同乡。

他听我这么说，也似乎有理，考虑了一下，便下了决心似的说：

“好，算了。用了给她好好洗洗。”他决定以后，就把我抱着的被子，统统抓过去，左一条、右一条地披挂在自己肩上，大踏步地走了。

回到包扎所以后，我就让他回团部去。他精神顿时活泼起来了，向我敬了礼就跑了。走不几步，他又想起了什么，在自己挂包里掏了一阵，摸出两个馒头，朝我扬了扬，顺手放在路边石头上，说：

“给你开饭啦！”说完就脚不点地地走了。我走过去拿起那两个干硬的馒头，看见他背的枪筒里不知在什么时候又多了一枝野菊花，跟那些树枝一起，在他耳边抖抖地颤动着。

他已走远了，但还见他肩上撕挂下来的布片，在风里一飘一飘。我真后悔没给他缝上再走。现在，至少他要裸露一晚上的肩膀了。

包扎所的工作人员很少。乡干部动员了几个妇女，帮我们打水，烧锅，做些零碎活。那位新媳妇也来了，她还是那样，笑眯眯地抿着嘴，偶然从眼角上看我一眼，但她时不时地东张西望，好像在找什么。后来她到底问我说：

“那位同志弟到哪里去了？”我告诉她同志弟不是这里的，他现在到前沿去了。她不好意思地笑了一下说：“刚才借被子，他可受我的气了！”说完又抿了嘴笑着，动手把借来的几十条被子、棉絮，整整齐齐地分铺在门板上、桌子上（两张课桌拼起来，就是一张床）。我看见她把自己那条白百合花的新被，铺在外面屋檐下的一块门板上。

天黑了，天边涌起一轮满月。我们的总攻还没发起。敌人照例是忌怕夜晚的，在地上烧起一堆堆的野火，又盲目地轰炸，照明弹也一个接一个地升起，好像在月亮下面点了无数盏的汽油灯，把地面的一切都赤裸裸地暴露出来了。在这样一个“白夜”里来攻击，有多困难，要付出多大的代价啊！我连那一轮皎洁的月亮，也憎恶起来了。

乡干部又来了，慰劳了我们几个家做的干菜月饼。原来今天是中秋节了。

啊！中秋节，在我的故乡，现在一定又是家家门前放一张竹茶几，上面供一副香烛、几碟瓜果月饼。孩子们急切地盼那炷香快些焚尽，好早些分摊给月亮娘娘享用过的东西，他们在茶几旁边跳着唱着：“月亮堂堂，敲锣买糖……”或是唱着：“月亮嬷嬷，照你照我……”我想到这里，又想起我那个小同乡，那个拖毛竹的小伙，也许，几年以前，他还唱过这些歌吧！……我咬了一口美味的家做月饼，想起那个小同乡大概现在正趴在工事里，也许在团指挥所，或者是在那些弯弯曲曲的交通沟里走着哩！……

一会儿，我们的炮响了，天空划过几颗红色的信号弹，攻击开始了。不久，断断续续地有几个伤员下来，包扎所的空气立即紧张起来。

我拿着小本子，去登记他们的姓名、单位，轻伤的问问，重伤的就得拉开他们的符号，或是翻看他们的衣襟。我拉开一个“重彩号”的符号时，“通讯员”三个字使我突然打了个寒战，心跳起来。我定了下神才看到符号上写着 × 营的字样。啊！不是，我的同乡他是团部的通讯员。但我又莫名其妙地想问问谁，战地上会不会漏掉伤员，通讯员在战斗时，除了送信，还干什么——我不知道自己为什么要问这些没意思的问题。

战斗开始后的几十分钟里，一切顺利，伤员一次次带下来的消息都是我们突破第一道鹿砦，第二道铁丝网，占领敌人前沿工事打进街了。但到这里，消息忽然停顿了，下来的伤员，只是简单地回答说“在打”或是“在街上巷战”。但从他们满身泥泞、极度疲乏的神色上，甚至从那些似乎刚从泥里掘出来的担架上，大家明白，前面在进行着一场什么样的战斗。

包扎所的担架不够了，好几个重彩号不能及时送后方医院，耽搁下来。我不能解除他们任何痛苦，只得带着那些妇女，给他们拭脸洗手，能吃得的喂他们吃一点，带着背包的，就给他们换一件干净衣裳，有些还得解开他们的衣服，给他们拭洗身上的污泥血迹。

做这种工作，我当然没什么，可那些妇女又羞又怕，就是放不开手来，大家都要抢着去烧锅，特别是那新媳妇。我跟她说了半天，她才红了脸，同意了。不过只答应做我的下手。

前面的枪声，已响得稀落了。感觉上似乎天快亮了，其实还只是半夜。外边月亮很明，也比平日悬得高。前面又下来一个重伤员。屋里铺位都满了，我就把这位重伤员安排在屋檐下的那块门板上。担架员把伤员抬上门板，但还围在床边不肯走。一个上了年纪的担架员，大概把我当作医生了，一把抓住我的膀子说："大夫，你可无论如何要想办法治好这位同志呀！你治好他，我……我们全体担架队员给你挂匾……"他说话的时候，我发现其他的几个担架员也都睁大了眼盯着我，似乎我点一点头，这伤员就立即会好了似的。我心想给他们解释一下，只见新媳妇端着水站在床前，短促地"啊"了一声。我急拨开他们上前一看，我看见了一张十分年轻稚气的圆脸，原来棕红的脸色，现已变得灰黄。他安详地合着眼，军装的肩头上，露着那个大洞，一片布还挂在那里。

"这都是为了我们……"那个担架员负罪地说道，"我们十多副担架挤在一个小巷子里，准备往前运动，这位同志走在我们后面，可反动派不知从哪个屋顶上撂下颗手榴弹来，手榴弹就在我们人缝里冒着烟乱转，这时这位同志叫我们快趴下，他自己就一下扑在那个东西上了……"

新媳妇又短促地"啊"了一声。我强忍着眼泪，给那些担架员说了些话，打发他们走了。我回转身看见新媳妇已轻轻移过一盏油灯，解开他的衣服，她刚才那种忸怩羞涩已经完全消失，只是庄严而虔诚地给他拭着身子。这位高大而又年轻的小通讯员无声地躺在那里。……我猛然醒悟地跳起身。磕磕绊绊地跑去找医生，等我和医生拿了针药赶来，新媳妇正侧着身子坐在他旁边。

她低着头，正一针一针地在缝他衣肩上那个破洞。医生听了听通讯员的心脏，默默地站起身说："不用打针了。"我过去一摸，果然手都冰冷了。

新媳妇却像什么也没看见，什么也没听到，依然拿着针，细细地、密密地缝着那个破洞。我实在看不下去了，低声地说：

"不要缝了。"她却对我异样地瞟了一眼，低下头，还是一针一针地缝。我想拉开她，我想推开这沉重的氛围，我想看见他坐起来，看见他羞涩地笑。但我无意中碰到了身边一个什么东西，伸手一摸，是他给我开的饭，两个干硬的馒头……

卫生员让人抬了一口棺材来，动手揭掉他身上的被子，要把他放进棺材去。新媳妇这时脸发白，劈手夺过被子，狠狠地瞪了他们一眼。自己动手把半条被子平展展地铺在棺材底，半条盖在他身上。卫生员为难地说："被子……是借老百姓的。"

"是我的——"她气汹汹地嚷了半句，就扭过脸去。在月光下，我看见她眼里晶莹发亮，我也看见那条枣红底色上撒满白色百合花的被子，这象征纯洁与感情的花，盖上了这位平常的、拖毛竹的青年人的脸。

1958 年 3 月

4. 醉人的春夜

⊙吴金良

“再遇到人，一定开口。”陈静想着，抬眼望了望胡同里昏黄的路灯。夜深了，到处是一片片黑黝黝的怪影。“唉，这倒霉的自行车！”她从心底发出一声无可奈何的喟叹。

身后传来一串自行车铃声，陈静只来得及“哎”了一声，骑车的小伙子已经一掠而过。

咦，骑车的小伙子又回来了？陈静心里却紧张起来：“这么晚了，他……”“您刚才喊我？”小伙子跳下车。“啊，没。”矜持和自卫的心理占了上风，她语无伦次了。“是车子坏了吧？”一双似笑非笑的细长眼睛望着她。陈静稍稍镇静了一下：“链子卡在大套里了。”她讷讷着，低着头，心里升起一线希望的光。“那，我也爱莫能助了。没工具，谁也拆不开大链套呀。”陈静心里又是一片黑暗。“你家远吗？”“我家？”她没了主意，下意识地推着车子往前走了几步。“这样吧，胡同口外边往左，有个车铺这会儿可能还有人，你去看看吧！”小伙子在她身后跨上车子，边说边飞快地骑跑了。

“这号人！”陈静差点哭了。十一点了，哪家的车铺这时候还有人？她心里咒那小伙子：“骗人！叫你今晚做个噩梦。”

不信归不信，出了胡同口，陈静忍不住真朝左手方向看了一眼。便道上，果然有间小屋还亮着灯。她踌躇地站住了，小屋里走出一位二十来岁的姑娘，冲着陈静喊：“同志，来吧！”哎呀，真是车铺！陈静觉得周围一下子亮了起来，沮丧、恐惧一股脑儿没了。

这是间临街筒子房，通里屋的门关着。外面这间，只有一桌、一床和一辆自行车。一个年轻人正蹲在桌边翻看什么。“请进，就是地方小了点。”年轻人站起身，手里拿着把改锥。陈静一愣：“是你？”“是我。”年轻人笑了，“我说有人嘛，还能骗您？”他狡黠地眨了眨细长的眼睛。“我哥送我嫂子上夜班，回来就急火火地把我叫起来，说有要事，原来是……”跟在陈静后面的姑娘说话像是放机枪。“还是有个体户好。”陈静心里想着，感谢地冲着那姑娘笑了笑：“太麻烦你们了。”“没什么，我哥怕您不敢来，才让我起来招呼您。其实您也是胆子太小，我就不怕。”说得陈静怪难为情的。

会者不难，车很快修好了。“多少钱？”陈静打心底里希望这小伙子多收她点儿钱。“钱？”小伙子一愣，旋即笑了，“给五元钱吧。”一只大手，满是油渍，伸到陈静面前。“五元？！敲诈！”陈静心里一惊，却又无可奈何地掏出钱包。“哥——”快嘴的姑娘拉长了声音叫着，“这么晚了，你还开玩笑！”她娇嗔地把那只油污的手打下去，转头对着陈静，“同志，你别多心，他就这样，跟谁都瞎逗。我们又不是开业修车的，哪有帮帮忙就要钱的？”陈静有点不好意思了，脸上泛着红潮。“好了，不开玩笑了。”小伙子搓了搓手，咧开嘴笑着，露出一排洁白整齐的牙齿。

一路上，微风吹着陈静的长发，拂到脸上，怪痒痒的，又很舒服。她觉得今天晚上的路灯格外地亮，亮得耀眼；空气中，也仿佛有种醇美的甜味。

啊，你这醉人的春夜！

古代的科举考试（一）

科举考试是隋唐以来以考试选拔官吏的制度。隋朝开始设置进士科，这标志着科举制度正式产生。其制的主要特点在于朝廷设科取士，士子自由报考，最终依考试成绩决定录取与否。通过各科考试，合格者可录用为官。唐承隋制又增加了明经、明法、明书、明算等科，一直沿用至明清。明清时科举制度达到鼎盛。

5. 天　嚣

⊙赵长天

风，像浪一样，梗着头向钢架房冲撞。钢架房，便像发疟疾般地一阵阵战栗、摇晃，像是随时都要散架。

渴！难忍难挨的渴，使人的思想退化得十分简单、十分原始。欲望，分解成最简单的元素：水！只要有一杯水，哪怕半杯，不，一口也好哇！

空气失去了气体的性质，像液体，厚重而凝滞。粉尘，被风化成的极细小的砂粒从昏天黑地的旷野钻入小屋，在人的五脏六腑间自由巡游。它无情地和人体争夺着仅有的一点水分。

他躺着，喉头有梗阻感，他怀疑粉尘已经在食道结成硬块，会不会引起别的疾病，比如硅肺？但他懒得想下去。疾病的威胁，似乎已退得十分遥远。

他闭上眼，调整头部姿势，让左耳朵不受任何阻碍，他左耳听力比右耳强。

风声，丝毫没有减弱的趋势。

他仍然充满希望地倾听。

基地首长一定牵挂着这支小试验队，但无能为力——远隔一百公里，运水车不能出动，直升机无法起飞，在狂虐的大自然面前，人暂时还只能居于屈从的地位。

他不想再费劲去听了。目前最明智的，也许就是进入半昏迷状态，减少消耗，最大限度地保存体力。

于是，这间屋子，便沉入无生命状态……

忽然，处于混沌状态的他，像被雷电击中，浑身一震。一种声音！他转过头，他相信左耳的听觉，没错，滤去风声、沙声、钢架呻吟声、铁皮震颤声，还有一种虽然微弱，却执着，并带节奏的敲击声。

“有人敲门！”他喊起来。

遭雷击了，都遭雷击了，一个个全从床上跳起，跌跌撞撞，竟全扑到门口。

真真切切，有人敲门。谁？当然不可能是运水车，运水车会揿喇叭。微弱的敲门声已经明白无误地告诉大家：不是来救他们的天神，而是需要他们援救的弱者。

人的生命力，也许是最尖端的科研项目，远比上天的导弹玄秘。如果破门而入的是一队救援大军，屋里这几个人准兴奋得瘫倒在地。而此刻，个个都像喝足了人参汤。

“桌子上有资料没有？当心被风卷出去！”

“门别开得太大！”

“找根棍子撑住！”

每个人都找到了合适的位置，摆好了下死力的姿势。

他朝后看看。“开啦！”撤掉顶门棍，他慢慢移动门闩。

门闩吱吱叫着，痛苦地撤离自己的岗位。当门闩终于脱离了销眼，那门，便呼地弹开来，紧接着，从门外滚进灰扑扑一团什么东西和打得脸生疼的砂砾石块，屋里霎时一片混乱，像回到神话中的史前状态。

“快，关门！”他喊，却喊不出声。但不用喊，谁都调动了每个细胞的力量。

门终于关上了。一伙人，都顺门板滑到地上，瘫成一堆稀泥。

谁也不作声，谁也不想动，直到桌上亮起一盏暗淡的马灯，大家才记起滚进来的那团灰扑扑的东西。

是个人，马灯就是这人点亮的，他穿着毡袍，说着谁也听不懂的蒙古语。他知道别人听不懂，所以不多说，便动手解皮口袋。

西瓜！从皮口袋里滚出来，竟是大西瓜！绿生生，油津津，像是刚从藤上摘下，有一只还带着一片叶儿呢！

戈壁滩有好西瓜，西瓜能一直吃到冬天，这不稀罕，稀罕的是现在，当一口水都成了奢侈品的时候，谁还敢想西瓜！

蒙古族同胞利索地剖开西瓜，红红的汁水顺着刀把滴滴答答淌，馋人极了！

应该是平生吃过的最甜最美的西瓜，但谁也说不出味来，谁都不知道，那几块西瓜是怎么落进肚子里去的。

至于送瓜人是怎么冲破风沙，奇迹般地来到这里，最终也没弄清，因为谁也听不懂蒙古语，只好让它成为一个美好的谜，永久地留在记忆里。

单元学习任务

任务一

本单元所选的文章都是记叙文，根据文体特征，观其大略，粗知大意，就要了解故事梗概，明确什么人、在什么地方、发生了什么事、结果怎样。继续学习略读，粗知故事大意，根据确定的阅读重点带着问题略读，在规定的时间内达成略读目标。

文章标题	时间	地点	主要人物	主要事件	结果
马兰花					
一朵一朵的阳光					
书桌					
行路易					
百合花					
醉人的春夜					
天罍					

任务二

从本单元的文章中，任选三个感人的片段，揣摩人物心理活动，分析这些描写的作用。

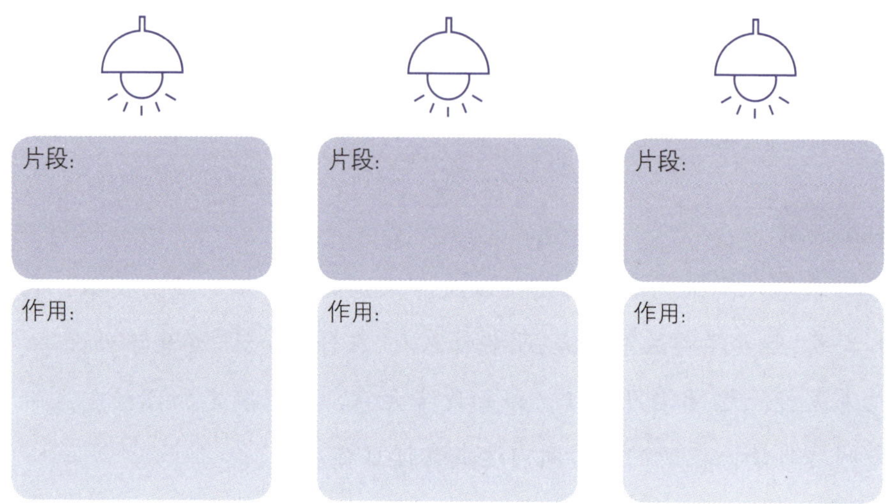

任务三

本单元所选的文章，从不同角度展现了中华美德以及时代对这些美德的呼唤，这些文字是否让你感动？联系现实召开“寻找身边的真善美”为主题的班会，发现身边的好人好事，准备一篇发言稿，在班会上分享。

人生意义

梁启超说："人生须知负责任的苦处，才能知道尽责任的乐趣。"责任是一种人生使命。每个人都必须认真履行责任。古人云："天下兴亡，匹夫有责。"我们要有以天下为己任的责任感。那么，我们怎样才能担起自己的责任呢？要有一颗尽职尽责的心，认真完成自己的学习和工作任务。梁启超还说："今日之责任，不在他人，而全在我少年。"作为青少年，我们要立志学习，对于人生责任，要勇担当，会担当。愿我们怀揣责任之心行走在人生的道路上，成就自己精彩的人生。

阅读本单元文章，要运用略读和跳读相结合的方法，迅速浏览全文，从多方面、多角度摆事实来论证自己的观点。领会作者平实而又带书卷气的语言风格，联系生活实际，树立正确的人生观与价值观。

1. 为学与做人

⊙梁启超

诸君！我在南京讲学将近三个月了。这边苏州学界里头，有好几回写信邀我，可惜我在南京是天天有功课的，不能分身前来。今天到这里，能够和全城各校诸君聚在一堂，令我感激得很，但有一件，还要请诸君原谅：因为我一个月以来，都带着些病，勉强支持，今天不能作很长的讲演，恐怕有负诸君期望哩。

问诸君："为什么进学校？"我想人人都会众口一词地答道："为的是求学问。"再问："你为什么要求学问？""你想学些什么？"恐怕各人的答案就很不相同，或者竟自答不出来了。诸君啊！我替你们回答一句吧："为的是学做人。" 你在学校里头学的什么数学、几何、物理、化学、生理、心理、历史、地理、国文、英语，乃至什么哲学、文学、科学、政治、法律、经济、教育、农业、工业、商业，等等，不过是做人所需的一种手段，不能说专靠这些便达到做人的目的，任凭你把这些件件学得精通，你能够成个人不成个人还是个问题。

人类心理，有知、情、意三部分。这三部分圆满发达的状态，我们先哲名为三达德——智、仁、勇。为什么叫作“达德”呢？因为这三件事是人类普通道德的标准，总要三个具备才能成一个人。三件的完成状态怎么样呢？孔子说：“知者不惑，仁者不忧，勇者不惧。”所以教育应分为知育、情育、意育三方面——现在讲的智育、德育、体育不对，德育范围太笼统，体育范围太狭隘——知育要教到人不惑，情育要教到人不忧，意育到教到人不惧。教育家教学生，应该以这三件为究竟，我们自动地自己教育自己，也应该以这三件为究竟。

怎么样才能不惑呢？最要紧的是养成我们的判断力。想要养成判断力：第一步，最少须有相当的常识；进一步，对于自己要做的事须有专门智识；再进一步，还要有遇事能断的智慧。假如一个人连常识都没有，听见打雷，说是雷公发威，看见月食，说是蛤蟆贪嘴。那么，一定闹到什么事都没有主意，碰到一点疑难问题，就靠求神问卜看相算命去解决，真所谓“大惑不解”，成了最可怜的人了。学校里小学中学所教，就是要人有了许多基本的常识，免得凡事都暗中摸索。但仅仅有点常识还不够，我们做人，总要各有一件专门职业。这门职业，也并不是我一人破天荒去做，从前已经许多人做过，他们积累了无数经验，发现出好些原理原则，这就是专门学识。我打算做这项职业，就应该有这项专门学识。例如我想做农吗，怎样的改良土壤，怎样的改良种子，怎样的防御水旱病虫，等等，都是前人经验有得成为学识的；我们有了这种学识，应用它来处置这些事，自然会不惑，反是则惑了。做工、做商，等等，都各有它的专门学识，也是如此。我想做财政家吗，何种租税可以生出何样结果，何种公债可以生出何样结果，等等，都是前人经验有得成为学识的；我们有了这种学识，应用它来处置这些事，自然会不惑，反是则惑了。教育家、军事家，等等，都各有它的专门学识，也是如此。我们在高等以上学校所求的知识，就是这一类。但专靠这种常识和学识就够吗？还不能。宇宙和人生是活的不是呆的，我们每日碰见的事理是复杂的、变化的，不是单纯的、刻板的。倘若我们只是学过这一件，才懂这一件，那么，碰着一件没有学过的事来到跟前，便手忙脚乱了。所以还要养成总体的智慧，才能有根本的判断力。这种总体的智慧如何才能养成呢？第一件，要把我们向来粗浮的脑筋，着实磨炼它，叫它变成细密而且踏实。那么，无论遇着如何繁难的事，我都可以彻头彻尾想清楚它的条理，自然不至于惑了。第二件，要把我们向来浑浊的脑筋，着实将养它，叫它变成清明。那么，一件事理到跟前，我才能很从容很莹澈地去判断它，自然不至于惑了。以上所说常识、学识和总体的智慧，都是知育的要件，目的是教人做到“知者不惑”。

怎么样才能不忧呢？为什么仁者便会不忧呢？想明白这个道理，先要知道中国先哲的人生观是怎么样。“仁”之一字，儒家人生观的全体大用都包在里头。“仁”到底是什么？很难用言语说明，勉强下个解释，可以说是“普遍人格之实现”。孔子说：“仁者人也。”意思是说人格完成就叫作“仁”。但我们要知道，人格不是单独一个人可以表现的，要从人和人的关系上来看。所以仁字从二人，郑康成解它作“相人偶”。总而言之，要彼此交感互发，成为一体，然后我的人格才能实现。所以我们若不讲人格主义，那便无话可说；讲到这个主义，当然归宿到普遍人格。换句话说，宇宙即是人生，人生即是宇宙，我们的人格和宇宙无二区别，体验得这个道理，就叫作“仁者”。然则这种仁者为什么就会不忧呢？大凡忧之所从来，不外两端，一曰忧成败，二曰忧得失。我们得着“仁”的人生观，就不会忧成败。为什么呢？因为我们知道宇宙和人生是永远不会圆满的，所以《易经》六十四卦，始“乾”而终“未济”。正为在这永远不会圆满的宇宙中，才永远容得我们创造进化。我们所做的事，不过在宇宙进化几万万里的长途中，往前挪一寸两寸，哪里配说成功呢？然则不做怎么样呢？不做便连这一寸两寸都不往前挪，那可真真失败了。“仁者”看透这种道理，信得过只有不做事才算失败，肯做事便不会失败。所以《易经》说：“君子以自强不息。”换一方面来看，他们又信得过凡事不会成功的，几万万里路挪了一两寸，算成功吗？所以《论语》说：“知其不可而为之。”你想，有这种人生观的人，还有什么成败可忧呢？再者，我们得着“仁”的人生观，便不会忧得失。为什么呢？因为认定这件东西是我的，才有得失之可言。连人格都不是单独存在，不能明确地画出这一部分是我的，那一部分是人家的，然则哪里有东西可以为我们所得？既已没有东西为我所得，当然也没有东西为我所失。我只是为学问而学问，为劳动而劳动，并不是拿学问劳动等做手段来达某种目的——可以为我们“所得”的。所以老子说：“生而不有，为而不恃。”“既以为人己愈有，既以与人己愈多。”你想，有这种人生观的人，还有什么得失可忧呢？总而言之，有了这种人生观，自然会觉得“天地与我并生，而万物与我为一”，自然会“无人而不自得”。他的生活，纯然是趣味化艺术化。这是最高的情感教育，目的是教人做到“仁者不忧”。

怎么样才能不惧呢？有了不惑不忧的功夫，惧当然会减少许多了。但这是属于意志方面的事。一个人若是意志力薄弱，即使有丰富的智识，临时也会用不着，即使有优美的情操，临时也会变了卦。然则意志怎么会坚强呢？头一件须要心地光明。孟子说：“其为气也，至大至刚。……行有不慊于心，则馁矣。”又说：“自反而不缩，虽褐宽博，吾不惴焉；自反而缩，虽千万人，吾往矣。”俗话说得好：“生平不做亏心事，夜半敲门心不惊。”一个人要保持勇气，须要从一切行为可以公开做起，这是第一件。第二件要不为劣等欲望之所牵制。《论语》记：“子曰：‘吾未见刚者。’或对曰：‘申枨。’子曰：‘枨也欲，焉得刚？’”一被物质上无聊的嗜欲东拉西扯，那么百炼钢也会变成绕指柔了。总之，一个人的意志，由刚强变为薄弱极易，由薄弱返到刚强极难。一个人有了意志薄弱的毛病，这个人可就完了。自己做不起自己的主，还有什么事可做？受别人压制，做别人的奴隶，自己只要肯奋斗，终必能恢复自由。自己的意志做了自己情欲的奴隶，那么，真是万劫沉沦，永无恢复自由的余地，终身畏首畏尾，成了个可怜人了。孔子说：“和而不流，强哉矫！中立而不倚，强哉矫！国有道，不变塞焉，强哉矫！国无道，至死不变，强哉矫！”我老实告诉诸君说吧，做人不做到如此，决不会成一个人。但做到如此真是不容易，非时时刻刻做磨炼意志的功夫不可，意志磨炼得到家，自然是看着自己应做的事，一点不迟疑，扛起来便做，“虽千万人，吾往矣”。这样才算顶天立地做一世人，绝不会有藏头躲尾左支右绌的丑态。这便是意育的目的，要教人做到“勇者不惧”。

我们拿这三件事作做人的标准，请诸君想想，我自己现时做到哪一件——哪一件稍微有一点把握。倘若连一件都不能做到，连一点把握都没有，嗳哟！那可真危险了，你将来做人恐怕做不成。讲到学校里的教育吗，第二层的情育，第三层的意育，可以说完全没有，剩下的只有第一层的知育。就算知育吧，又只有所谓常识和学识，至于我所讲的总体智慧靠来养成根本判断力的，却是一点儿也没有。这种“贩卖智识杂货店”的教育，把它前途想下去，真令人不寒而栗！现在这种教育，一时又改革不来，我们可爱的青年，除了它更没有可以受教育的地方。诸君啊！你到底还要做人不要？你要知道危险呀，非你自己抖擞精神想方法自救，没有人能救你呀！

诸君啊！你千万别要以为得些断片的智识，就算是有学问呀。我老实不客气告诉你吧：你如果做成一个人，智识自然是越多越好；你如果做不成一个人，智识却是越多越坏。你不信吗？试想想全国人所唾骂的卖国贼某人某人，是有智识的呀，还是没有智识的呢？试想想全国人所痛恨的官僚政客——专门助军阀作恶鱼肉良民的人，是有智识的呀，还是没有智识的呢？诸君须知道啊，这些人当十几年前在学校的时代，意气横厉，天真烂漫，何尝不和诸君一样？为什么就会堕落到这样的田地呀？屈原说：“何昔日之芳草兮，今直为此萧艾也！岂其有他故兮，莫好修之害也。”天下最伤心的事，莫过于看着一群好好的青年，一步一步地往坏路上走。诸君猛醒啊！现在你所厌所恨的人，就是你前车之鉴了。

诸君啊！你现在怀疑吗？沉闷吗？悲哀痛苦吗？觉得外边的压迫你不能抵抗吗？我告诉你：你怀疑和沉闷，便是你因不知才会惑；你悲哀痛苦，便是你因不仁才会忧；你觉得你不能抵抗外界的压迫，便是你因不勇才有惧。这都是你的知、情、意未经过修养磨炼，所以还未成个人。我盼望你有痛切的自觉啊！有了自觉，自然会成功。那么，学校之外，当然有许多学问，读一卷经，翻一部史，到处都可以发现诸君的良师呀！

诸君啊，醒醒吧！养足你的根本智慧，体验出你的人格人生观，保护好你的自由意志。你成人不成人，就看这几年哩！

1922 年 12 月

2. 人生的意义与价值

⊙季羡林

当我还是一个青年大学生的时候，报刊上曾刮起一阵讨论人生的意义与价值的微风，文章写了一些，议论也发表了一通。我看过一些文章，但自己并没有参加进去。原因是，有的文章不知所云，我看不懂。更重要的是，我认为这种讨论本身就无意义、无价值，不如实实在在地干几件事好。

时光流逝，一转眼，自己已经到了望九之年，活得远远超过了我的预算。有人认为长寿是福，我看也不尽然。人活得太久了，对人生的种种相，众生的种种相，看得透透彻彻，反而鼓舞时少，叹息时多。远不如早一点离开人世这个是非之地，落一个耳根清净。

那么，长寿就一点好处都没有吗？也不是的。这对了解人生的意义与价值，会有一些好处的。

根据我个人的观察，对世界上绝大多数人来说，人生一无意义，二无价值。他们也从来不考虑这样的哲学问题。走运时，手里攥满了钞票，白天两顿美食城，晚上一趟卡拉OK，玩一点小权术，耍一点小聪明，甚至恣睢骄横，飞扬跋扈，昏昏沉沉，浑浑噩噩，等到钻入了骨灰盒，也不明白自己为什么活过一生。

其中不走运的则穷困潦倒，终日为衣食奔波，愁眉苦脸，长吁短叹。即使日子还能过得去的，不愁衣食，能够温饱，然而也终日忙忙碌碌，被困于名缰，被缚于利索。同样是昏昏沉沉，浑浑噩噩，不知道为什么活过一生。

对这样的芸芸众生，人生的意义与价值从何处谈起呢？

我自己也属于芸芸众生之列，也难免浑浑噩噩，并不比任何人高一丝一毫。如果想勉强找一点区别的话，那也是有的：我，当然还有一些别的人，对人生有一些想法，动过一点脑筋，而且自认这些想法是有点道理的。

我有些什么想法呢？话要说得远一点。当今世界上战火纷飞，人欲横流，“黄钟毁弃，瓦釜雷鸣”，是一个十分不安定的时代。但是，对于人类的前途，我始终是一个乐观主义者。我相信，不管还要经过多少艰难曲折，不管还要经历多少时间，人类总会越变越好的，人类大同之域绝不会仅仅是一个空洞的理想。但是，想要达到这个目的，必须经过无数代人的共同努力。有如接力赛，每一代人都有自己的一段路程要跑。又如一条链子，是由许多环组成的，每一环从本身来看，只不过是微不足道的一点东西；但是没有这一点东西，链子就组不成。在人类社会发展的长河中，我们每一代人都有自己的任务，而且是绝非可有可无的。如果说人生有意义与价值的话，其意义与价值就在这里。

但是，这个道理在人类社会中只有少数有识之士才能理解。鲁迅先生所称之“中国的脊梁”，指的就是这种人。对于那些肚子里吃满了西式快餐，到头来终不过是浑浑噩噩的人来说，有如夏虫不足以语冰，这些道理是没法谈的。他们无法理解自己对人类发展所应当承担的责任。

话说到这里，我想把上面说的意思简短扼要地归纳一下：如果人生真有意义与价值的话，其意义与价值就在于对人类发展的承上启下、承前启后的责任感。

古代的科举考试（二）

明清时期，正式的科举考试分三级进行：乡试、会试和殿试。

第一级：乡试。每三年举行一次，一般在当年的秋季举行，故又称“秋闱”。考中者称“举人”，可参加次年在京师举行的会试。

第二级：会试。因举子会集京师参加考试，故名。又因定在春季，由礼部主持，又称“春闱”“礼闱”。每三年举行一次，录取者称“贡生”，可参加殿试。

第三级：殿试。殿试由皇帝亲自于殿廷内主持，故又称“御试”“廷试”。

3. 享福与吃苦

⊙何仲英

现在我国人的大毛病，是只图享福，不愿吃苦。有许多青年人看见人家享福，羡慕得很；即使勉强他们暂耐辛苦，而他们的欲望，他们的希冀，总是对准享福的方面去进行的。只望“做得人上人”，不愿“吃得苦中苦”。这种观念，虽不敢说普遍存在于一般青年的脑海当中，但至少有一部分，甚至有一大部分，我们不得不注意，不得不觉悟。

我们不必希望做“人上人”。我既是人群中的一分子，就当尽人的一份责任。没有农夫，哪里有饭吃？没有瓦匠、木匠，哪里有房子住？没有工、商，哪里有物品？没有效命沙场的战士，哪里可以克服敌人，保护我们的安全？没有呕心绞脑的学者，哪里会有著述，安慰我们的精神？我们生活上的一切需要，都靠无量数的劳动者——无论是劳心或劳力——辛辛苦苦地来供给，我们若不是也吃一点苦，也尽一点责，非但对不住他们，又何以对得住自己呢？

我们须知最可敬的，是世上最大多数的平民，他们做一天人，干一天事，他们的生命，完全是靠吃苦来撑持的。

我们翻开历史来看，古今中外，几多圣贤豪杰，哪一个不是从吃苦中磨炼出来的？孔子一车二马，周游天下，宁受天下人揶揄，而救世之心，终不稍减，奔波之苦，迄未挂怀。这种吃苦的精神，尤其是我们应该崇尚的。再看晋朝名臣陶侃，他怕生活过于松散，每天要搬砖头；英国名相格兰斯顿，每日午饭后要劈一个钟头的柴。难道他们一个要做瓦匠，一个要做伙夫吗？笑话，笑话，他们决不是的。他们不过借此锻炼吃苦的精神，恐怕身体安逸了，将来不能做事。他们的用心是很深的。

《论语》说："饱食终日，无所用心，难矣哉！"《大学》又说："小人闲居为不善，无所不至。"王阳明解说道："闲居时有何不善可为，只有一种懒散精神，漫无着落处，便是万恶渊薮[①]，正是小人无忌惮处。"清朝末年，京城里的贵族子弟个个总靠一份口粮，舒舒服服过日子，个个都是整日地拿着一个雀笼，口里哼着几句京腔，暮气沉沉，哪里还能够支持得住国家？

我们不怕享不到福，只怕吃不来苦。享福、吃苦，都是有代价的。以吃苦始者，多以享福终。要事业成功，必先要备尝艰苦，而后有苦尽甜来之境。孟子说："天将降大任于是人也，必先苦其心志，劳其筋骨，饿其体肤，空乏其身，行拂乱其所为，所以动心忍性，曾益其所不能。"这是磨炼意志的最好机会，这是成功立业的不二法门。

---

① 薮（sǒu）：指人或东西聚集的地方。

我们虽不必有范文正公“先天下之忧而忧，后天下之乐而乐”的气概，但至少要有陶侃、格兰斯顿的勤劳耐苦的精神。我们虽不见得有什么大苦可吃，但至少要屏除一切奢侈浮靡的不良习惯。做人要从吃苦做起，吃苦要从微处做起。“吃得苦中苦，做得人中人。”这是我对诸位的一点贡献。

古代的科举考试（三）

“金榜题名”的说法从何而来呢？原来是因为殿试发榜用黄纸，故考中进士称为金榜题名。

金榜按殿试成绩将进士分为三甲。第一甲三名，赐“进士及第”：头名状元，唐朝举人赴京应礼部试者皆须投状，因称居首为“状头”，故名；第二名榜眼，眼二也，故名；第三名探花，因唐朝新科进士在杏园举行“探花宴”，故名。第二甲赐“进士出身”。第三甲赐“同进士出身”。二甲、三甲各科名额不限。

4. 人生的意义在于承担

⊙梁晓声

我曾多次被问到“人生有什么意义？”往往，“人生”之后还要加上“究竟”两字。

“人生有什么意义”这一个问题与人的思想活动有关，古今中外，解答可谓千般万种，形形色色。我也回答过这一问题，可每次的回答都不尽相同，每次的回答自己都不满意。

一般而言，儿童和少年不太会问“人生有什么意义”的话，他们倒是很相信人生总是有些意义的，专等他们长大了去体会。老年人也不会问“人生有什么意义”的话，问谁呢？中年人常问“人生有什么意义”，相互问一问，或自说自话一句，一切都似乎不言而明，于是相互获得某种心理的支持和安慰。因为他们是有压力的，压力常常使他们对人生的意义保持格外的清醒。人生的意义在他们那儿的解释是——责任。

是的，责任即意义。责任几乎成了大多数是寻常百姓的中年人之人生的最大意义。对上一辈的责任，对儿女的责任，对家庭的责任，对单位对职业的责任。人只有到了中年时，才恍然大悟，原来从小盼着快快长大好好地追求和体会一番的人生的意义，除了种种的责任和义务，留给自己的即纯粹属于自己的另外的人生的意义，实在是并不太多了。他们老了以后，甚至会继续以所尽之责任和义务尽得究竟怎样，来掂量自己的人生意义。

而在一些年轻人眼中，人生的意义就是享受，他们还没有受什么苦，也没有经历大的波折磨难，在他们看来，世界是美好的，人生要享受眼前的美好。如果他们经历了点什么困难，他们更有理由了——人活在这个世界这么苦，不好好享受对不起自己。

其实，这是大错特错的。我有一种结论，所谓“人生的意义”，它至少是由三部分组成的：一部分是纯粹自我的感受；一部分是爱自己和被自己所爱的人的感受；还有一部分是社会和更多——有时甚至是千千万万别人的感受。

如果一个人只从纯粹自我方面的感受去追求所谓人生的意义，那么他或她到头来注定所得极少。最多，也仅能得到三分之一罢了。但倘若一个人的人生在纯粹自我方面的意义缺少甚多，尽管其人生作为的性质是很崇高的，那么在获得尊敬的同时，必然也引起同情。这是自我价值和社会价值的失衡。

权力、财富、地位、高贵得无与伦比的生活方式，这其中任何一种都不能单一地构成人生的意义。而勇于担当的人，即使卑微，对于爱我们也被我们所爱的人而言，其人生意义可谓大矣！因为他尽到了自己的责任，他承担起了属于自己的义务。这样的人，尽管平凡渺小，但值得钦佩。

5. 对自己的人生负责

⊙周国平

我们活在世上，不免要承担各种责任，小至对家庭、亲戚、朋友，对自己的职务，大至对国家和社会。这些责任多半是应该承担的。不过，我们不要忘记，除此之外，我们还有一项根本的责任，便是对自己的人生负责。

每个人在世上都只有活一次的机会，没有任何人能够代替他重新活一次。如果这唯一的一次人生虚度了，也没有任何人能够真正安慰他。认识到这一点，我们对自己的人生怎么能不产生强烈的责任心呢？在某种意义上，人世间各种其他的责任都是可以分担和转让的，唯有对自己的人生的责任，都只能完全由自己来承担，一丝一毫依靠不了别人。

不止于此，我还要说，对自己的人生的责任心是其余一切责任心的根源。一个人唯有对自己的人生负责，建立了真正属于自己的人生目标和生活信念，他才可能由之出发，自觉地选择和承担起对他人和社会的责任。正如歌德所说："责任就是对自己要求去做的事情有一种爱。”因为这种爱，所以尽责本身就成了生命意义的一种实现，就能从中获得心灵的满足。相反，我不能想象，一个不爱人生的人怎么会爱他人和爱事业，一个在人生中随波逐流的人怎么会坚定地负起生活中的责任。实际情况往往是，这样的人把尽责不是看作从外面加给他的负担而勉强承受，便是看作纯粹的付出而索求回报。

一个不知对自己的人生负有什么责任的人，甚至无法弄清他在世界上的责任是什么。有一位小姐向托尔斯泰请教，为了尽到对人类的责任，她应该做些什么。托尔斯泰听了非常反感，因此想到：人们为之受苦的巨大灾难就在于没有自己的信念，却偏偏要做出按照某种信念生活的样子。当然，这样的信念只能是空洞的。这是一种情况。更常见的一种情况是，许多人对责任的关心确实是完全被动的。他们之所以把一些做法视为自己的责任，不是出于自觉的选择，而是出于习惯、时尚、舆论等原因。譬如说，有的人把偶然却又长期从事的某一职业当作自己的责任，从不尝试去拥有真正适合自己本性的事业。有的人看见别人发财和挥霍，便觉得自己也有责任拼命挣钱花钱。有的人十分看重别人尤其上司对自己的评价，谨小慎微地为这种评价而活着。由于他们不曾认真地想过自己的人生使命究竟是什么，在责任问题上也就必然是盲目的了。

所以，我们活在世上，必须知道自己究竟想要什么。一个人认清了他在这世界上要做的事情，并且在认真地做着这件事情，他就会获得一种内在的平静和充实。他知道自己的责任之所在，因而关于责任的种种虚假观念都不能使他动摇了。我还相信，如果一个人能对自己的人生负责，那么，在包括婚姻和家庭在内的一切社会关系上，他对自己的行为都会有一种负责的态度。如果一个社会是由这样对自己的人生负责的成员组成的，这个社会就必定是高质量的有效率的社会。

童子科

童子科，亦称“童子举”。唐宋时特设的考试科目。唐朝规定十岁以下能通经者，宋朝规定十五岁以下能通经作诗赋者，都可以参加考试，考中者给予出身并授官职。金代亦设。

6. 生逢其时　重任在肩

⊙张　璁

当今世界正经历百年未有之大变局，我国正处于实现中华民族伟大复兴的关键时期，而青年身处其中，每天都在见证历史。

今天的青年生逢其时，也重任在肩。中国特色社会主义进入新时代，我们比历史上任何时期都更接近、更有信心和能力实现中华民族伟大复兴。然而，“行百里者半九十”，越是接近目标越不会一帆风顺，越充满风险挑战乃至惊涛骇浪。未来的中国发展，取决于今天青年的奋斗，而对于这一代的青年来说，摆在面前的，既是个人的人生际遇，又是宏大的时代机遇。

抓住时代的机遇，就要求年轻人把自己的理想同祖国的前途、同民族的命运紧密联系在一起，在最需要自己的地方披荆斩棘、乘风破浪。每一代的青年都在历史的坐标上直面时代的考验，树立远大理想，才能保持前行定力。面对列强的欺侮，从五四运动的理想到嘉兴南湖的红船，那时青年为救亡图存呼喊奔走；面对技术的封锁，无数青年为了“两弹一星”身赴戈壁大漠，隐姓埋名、上下求索，争取民族的自立与自强；面对发展的差距，改革开放的大幕一经开启，日新月异的建设热潮里青年是最活跃的身影，见证着国家一步步迈向繁荣与富强。一代又一代的青年胸膛里，跳动的始终是一颗对祖国和人民的赤子之心。

抓住时代的机遇，意味着年轻人要敢于迎难而上，善于化危为机。志不求易者成，事不避难者进。每一个发展的危机中都孕育着新机，青年应善于在变局中劈波斩浪闯出新局。在疫情防控中，在汛情最严峻的时候，我们看到许多年轻人义无反顾奔赴一线的身影：他们是医护人员，是党员干部，是人民解放军指战员，是武警官兵，是公安干警，是消防救援队伍指战员，是社区工作者，是公益志愿者……他们中有的人要直面生与死的考验，有的人在承担艰巨繁重的任务。艰苦的磨砺是一代人最好的成人礼，曾经很多人以为他们还只是“父母的孩子”，可他们在这些“大考”面前脱掉了稚气，成为年轻的脊梁。如果要问今天的青年是否堪当大任，那么他们用行动做出的证明，给了人们最大的底气。

抓住时代的机遇，意味着年轻人要脚踏实地，用奋斗去努力创造幸福。“幸福都是奋斗出来的”，中华民族伟大复兴，绝不是轻轻松松、敲锣打鼓就能实现的。新时代青年要把奋斗作为青春最亮丽的底色，脚踏实地、知行合一，以青春之我、奋斗之我，书写勇于创新、艰苦创业的答卷。青年科技工作者应努力在基础研究、重大项目、重点工程中刻苦攻关，抢占科技竞争和未来发展的制高点。高校毕业生要合理规划职业生涯，踊跃到基层、到祖国和人民最需要的地方去建功立业。值得注意的是，奋斗的道路不会一帆风顺，青年要培养积极乐观的人生态度，塑造苦干实干的务实作风，依靠辛勤努力，创造属于自己的人生精彩。

时间不等人，历史不等人。青年是面向未来的，青年一代有理想、有本领、有担当，国家就有前途，民族就有希望。今天的青年既是追梦者，也将是圆梦人，实现中华民族伟大复兴取决于一代代人的接续奋斗，时间与历史将选择站在奋进者一边。

（选自《人民日报》）

八股文的由来

八股文也称制义、制艺或时文，是明清时期科举考试制度所规定的文体。它要求文章中应有四段对偶排比的文字，合共八股，故称“八股文”，也称“八比”。

八股文的特点是：题目主要摘自《四书》，论述内容要根据宋代朱熹的《四书集注》等书，结构体裁有一套硬性的规格。全文由破题、承题、起讲、入手、起股、中股、后股、束股八部分组成，作用各不相同。

托物言志

繁花伴着岁月轻风，穿越历史的时空，不改生命的美丽芬芳；竹林映着皎洁月光，植根苍凉的山间，不改生命的葱翠挺拔；河流随着峡谷，流淌天涯与海角，不改生命的奔腾不息。许多热爱生活、超凡脱俗之人走进大自然，用智慧赋予世间万物深刻的思想和高尚的品格，让读者的思绪在诗词歌赋中慢慢延伸，天地万物在名篇佳作中散发醉人的清香。阅读本单元文章，你可以领略竹子“入水文光动，抽空绿影春”的潇洒挺拔，可以欣赏“兰生幽谷无人识，客种东轩遗我香”的清新脱俗，可以赞叹梅花“无意苦争春，一任群芳妒”的暗香浮动……

阅读本单元文章，同学们要了解托物言志的写作技巧，理解作者用托物言志的方法表达的高洁志趣，体会文章中蕴含的深刻人生哲理，感悟作者的思想感情。

1. 座右铭

⊙〔汉〕崔瑗

无道人之短，无说己之长。施人慎勿念，受施慎勿忘。世誉不足慕，唯仁为纪纲①。隐心而后动，谤议庸何伤？无使名过实，守愚圣所臧②。在涅贵不淄③，暧暧④内含光。柔弱生之徒，老氏诫刚强。行行鄙夫志，悠悠故难量。慎言节饮食，知足胜不祥。行之苟有恒，久久自芬芳。

---

① 纪纲：法度，准则。

② 臧（zāng）：善，好。

③ 淄：黑色。

④ 暧暧：光线昏暗。

译文

不要议论他人的短处，不要夸耀自己的长处。给人的施舍不要念念不忘，受人的恩惠却要牢记心上。世俗的虚名不值得羡慕，要把仁者爱人作为法度。审度自己的心是否合乎“仁”再行动，别人的非议怎么会中伤到自己呢？不要让自己的虚名超过了实际，坚持忠诚老实才是圣贤所褒扬的好。身处污泥而不被染黑，昏暗不明的地方也蕴含着光亮。柔弱有韧性是有生命力的表现，因此老子告诫不要过于刚强。庸鄙的人太过刚强可能会招致祸患，君子内敛并不锋芒毕露，别人很难估量。谨慎言辞，节制饮食，知足常乐就能战胜凶险不祥。如能将这些做人的道理持之以恒，久而久之，才德自然会像花朵一样芬芳。

学习提示

东汉崔瑗所作铭文，全文共20句，100字，体现了作者为人处世的基本态度和立场，其中每两句构成一个意思，而且这两句的意思往往又是相反、相对甚至相矛盾的。作者正是通过这种对立、矛盾，突出了主观选择的价值和意义，反映了当时较为普遍的价值观念。

施恩不图报，与人不追悔……这是古人的行为准则。你的行为准则又是什么？

2. 寒松赋

⊙〔唐〕李绅

松之生也，于岩之侧。流俗[①]不顾，匠人未识。无地势以衒容[②]，有天机而作色。徒观其贞枝[③]肃矗，直干芊眠[④]，倚层峦则捎云蔽景，据幽涧则蓄雾藏烟。穹石盘薄[⑤]而埋根，凡经几载，古藤联缘[⑥]而抱节，莫记何年。

于是白露零，凉风至。林野惨栗[⑦]，山原愁悴[⑧]。彼众尽于

① 流俗：世俗。

② 衒（xuàn）容：夸耀外形。衒，夸耀。

③ 贞枝：正枝，主干。贞，同“桢”，指支柱、主干。

④ 芊（qiān）眠：光色鲜明。

⑤ 盘薄：盘踞牢固的样子。

⑥ 联缘：缠绕攀爬。

⑦ 惨栗：极寒。栗，同“冽”。

⑧ 悴：憔悴。

玄黄[①]，斯独茂于苍翠。然后知落落[②]高劲，亭亭孤绝[③]。其为质也，不易叶而改柯；其为心也，甘冒霜而停雪[④]。叶[⑤]幽人之雅趣，明君子之奇节。

若乃确乎不拔，物莫与隆[⑥]。阴阳不能变其性，雨露所以资[⑦]其丰。擢影[⑧]后凋，一千年而作盖；流形入梦，十八载而为公。不学春开之桃李，秋落之梧桐。

乱[⑨]曰：负栋梁[⑩]兮时不知，冒霜雪兮空自奇。谅[⑪]可用而不用，固斯焉而取斯[⑫]。

---

① 玄黄：疾病。

② 落落：高超不凡的样子。

③ 孤绝：高耸突出。

④ 停雪：使雪停止。

⑤ 叶（xié）：同“协”，附和。

⑥ 隆：盛，高。

⑦ 资：帮助。

⑧ 擢（zhuó）影：耸起的影子。

⑨ 乱：乐曲末章或辞赋篇末总括全篇要旨的一段，相当于尾声。

⑩ 负栋梁：身负栋梁之材。

⑪ 谅：诚，确实。

⑫ 斯焉而取斯：语出《论语·公冶长》：“子谓子贱：‘君子哉若人！鲁无君子者，斯焉取斯？’”取，取法。

译文

松树生长在岩石的侧面，世俗之人看不到它，木匠无缘结识它。它没有宽阔的地势来夸耀自己的外形，只有大自然赋予的本色。它主干笔直高耸，枝干光色鲜明，或高踞于层岩的上面，直插入云霄，或把身躯藏在幽涧之中，蓄雾藏云。坚固的穹石埋下它的根系，经历很多年，古老的藤蔓缠绕它的躯体，不知哪年。

等到白露飘落，凉风吹来的时候，树林田野凄惨寒冷，高山平原愁容憔悴。其他树木都生病黄叶凋零飘落，只有它苍翠繁茂。然后人们知道它高峻挺拔，特立独行。它不改变自己的外形，也不改变自己的内心，心甘情愿经受霜雪的洗礼。它和隐士的志趣相合，与君子的气节相投。

它坚定不拔，超乎万物。日月不能改变它的本性，雨露使它更丰盈茂盛。它身影高大耸立，千年茂盛；它把自己流动的身影编织成梦，相信十八年后定能成材为公。它不学春天开花的桃李，也不学秋天落叶的梧桐。

尾声：身为栋梁之材却不被世间的人所知道，顶风冒雪，却没人为它称奇叫绝。实在是空为有用之才，有人鄙视它，却也有人取法它。

学习提示

这是一篇礼赞寒松的赋，作者由寒松联想到寒士，从寒松的“负栋梁”而不为时所知、为世所用，隐喻寒士虽怀瑾握瑜却沉沦下僚的遭遇，热情赞颂了松树的美好品质，抒发了深沉的感慨。

诵读本文，并借助文中注释和工具书疏通文意，领悟松树的美好品质，理解作者托物言志所抒发的感情。

1. 橘　颂

⊙〔战国〕屈原

后皇[①]嘉树，橘徕[②]服[③]兮。受命[④]不迁，生南国兮。深固难徙，更壹志[⑤]兮。

绿叶素荣[⑥]，纷其可喜兮。曾枝[⑦]剡棘[⑧]，圆果抟[⑨]兮。青黄杂糅，文章[⑩]烂[⑪]兮。

---

① 后皇：即后土、皇天，指地和天。

② 徕：同“来”。

③ 服：习惯，适应。

④ 受命：受天地之命，即禀性、天性。

⑤ 壹志：志向专一。壹，专一。

⑥ 素荣：白花。

⑦ 曾枝：层层树枝。

⑧ 剡（yǎn）棘：尖利的刺。剡，尖锐。

⑨ 抟（tuán）：同“团”，圆。

⑩ 文章：花纹色彩。

⑪ 烂：斑斓，明亮。

精色[1]内白，类可任兮。纷缊宜修，姱[2]而不丑兮。嗟[3]尔幼志，有以异兮。

独立不迁，岂不可喜兮。深固难徙，廓[4]其无求兮。苏世独立[5]，横而不流兮。

闭心[6]自慎，不终失过兮。秉德[7]无私，参天地兮。愿岁并谢[8]，与长友兮。

淑离[9]不淫，梗其有理兮。年岁虽少，可师长兮。行比伯夷，置以为像兮。

---

① 精色：颜色鲜明。

② 姱（kuā）：美好，俊俏。

③ 嗟：赞叹词。

④ 廓：胸怀开阔。

⑤ 苏世独立：独立于世，保持清醒。

⑥ 闭心：安静下来，戒惧警惕。

⑦ 秉德：保持好品德。

⑧ 愿岁并谢：誓同生死。岁，年岁。谢，死。

⑨ 淑离：美丽而善良自守。离，丽，美。

译文

天地孕育的橘树，生来就适应这方水土。你禀受了再也不会迁徙的使命，便永远生长在南楚。你扎下的根很深而且坚固难以迁移，立下的志向是多么专一。

叶儿碧绿花儿素洁，意态又何其缤纷令人欣喜。层层树叶间虽然长有尖锐的刺，果实却结得又圆又美丽。青的黄的错杂相间，互相交映，色彩简直灿烂如同霞辉。

你外色鲜明内瓤洁白，就像抱着大道一样。气韵芬芳仪度潇洒，显示着非常脱俗的美质。赞叹你南国的橘树，幼年立志就与众不同。

你独立于世间不肯迁移，这志节怎能不令人惊喜？你扎下的根很深而且坚固难以迁移，开阔的胸怀无所欲求。你疏远污浊的世间超然自立，横耸而出决不随波逐流。

你坚守着清白之心谨慎自重，何曾有什么罪愆过失？你那无私的品行，恰恰可以与天地相比相合。我愿在众卉俱谢的岁寒，与你长久地做坚贞的朋友。

你秉性善良从不放纵，坚挺的枝干纹理清纯。即使你现在年岁还轻，却已可做我钦佩敬重的老师。你的品行堪比伯夷，我要把橘树种在园中作为榜样。

2. 梅花赋（节选）

⊙〔唐〕宋璟

高斋[①]寥阒，岁晏山深。景[②]翳翳以斜度，风悄悄而乱吟。坐穷檐[③]而后无朋，进一觞以孤斟。步前除[④]以彳亍[⑤]，荷藜杖于墙阴。蔚有寒梅，谁其封植？未绿叶而先葩[⑥]，发青枝于宿枿[⑦]，擢秀敷荣，冰玉一色。胡杂遝[⑧]乎众草，又芜没于丛棘，匪[⑨]王孙之见知，羌[⑩]洁白其何极？

---

① 高斋：高敞的书斋。

② 景：日光。

③ 穷檐：穷家屋檐，意即寒舍。

④ 前除：前阶。

⑤ 彳亍（chì chù）：小步徘徊。

⑥ 葩（pā）：花，此处用作动词，开花。

⑦ 宿枿（niè）：旧树干上长出新枝。宿，过去的，旧的。枿，木斩而复生曰枿。

⑧ 杂遝（tà）：纷乱丛杂的样子。

⑨ 匪：同“非”。

⑩ 羌：楚方言语气词，无义。这里因是骈句，用来凑足一个音节。

…………

彼其艺兰兮九畹[1]，采蕙[2]兮五柞[3]，缉[4]之以芙蓉，赠之以芍药，玩小山[5]之丛桂，掇芳洲之杜若，是皆出于地产之奇，名著于风人[6]之托。然而艳于春者，望秋先零；盛于夏者，未冬已萎。或朝开而速谢，或夕秀[7]而遄[8]衰。曷若兹卉，岁寒特妍，冰凝霜冱[9]，擅美专权？相彼百花，孰敢争先！莺语方蛰，蜂房未喧，独步早春，自全其天。

至若托迹隐深，寓形幽绝，耻邻市廛[10]，甘遁[11]岩穴。江仆射之孤灯，向寂不怨栖迟；陶彭泽[12]之三径，投闲曾无悁结。贵不移于

---

① 九畹（wǎn）：犹言很多亩。《离骚》：“余既滋兰之九畹兮。”旧注三十亩为一畹，或说二十亩，或说十二亩。

② 采蕙：采摘蕙草。蕙，香草名。

③ 五柞（zuò）：汉朝宫名，在今陕西。因其内栽植五柞树而名。

④ 缉：缀集。

⑤ 小山：西汉淮南王刘安好古爱士，招致宴客。客有八公之徒，分造词赋，以贵相从，或称大山，或称小山。小山成为一部分门客的共称。

⑥ 风人：古代有诗官，采歌谣以观民风，称所采之诗为风，采风者为风人。后亦称诗人为风人。

⑦ 夕秀：晚上开花。秀，开花。

⑧ 遄（chuán）：疾速。

⑨ 冱（hù）：冻结。

⑩ 市廛（chán）：市场，集市。

⑪ 遁（dùn）：隐避。

⑫ 陶彭泽：即陶渊明，曾任彭泽令，故称。

本性，方有俪于君子之节。聊染翰[1]以寄怀[2]，用垂示于来哲[3]。

从父见而勖[4]之曰："万木僵仆，梅英载吐；玉立冰洁，不易厥素；子善体物[5]，永保贞固[6]。"

译文

高敞的书斋空旷寂静，时令已晚，我住在山林深处。日光暗淡斜照在大地上，冷风微吹草木呻吟。我独坐在寒舍中，没有朋友，备一杯淡酒独自饮酒。我漫步台阶上独自小步徘徊，手扶藜杖伫立在墙边的阴凉处。那株茂盛的寒梅，是谁把它栽培？绿叶未吐而花已盛开，枯老的枝条又长出青嫩的枝条，滋长嫩枝花开满树，如冰似玉纯洁之至。为何却被纷乱的杂草所围，又让恶木遮盖高洁姿质，若不是游客到此赏识，即使洁白至极，又有什么用呢？

…………

那些种植在花圃中大片的兰花，从行宫里采集来的蕙草，聚集于池塘中的出水芙蓉，男女互赠作为爱情信物的芍药，淮南小山玩赏喜爱的丛丛桂树，从香草遍地的沙滩摘来的杜若，这些香物都是物产中的奇珍异宝，靠着诗人们的歌咏而美名远扬。然而它们有的虽然在春天争芳斗艳，将近秋季却凋零飘落；有的在夏季繁茂一时，还没有到冬季就已干瘪枯萎。有的早晨开花很快凋落，有的晚上定蕊迅速衰颓。哪像这卓立突出的梅花，在酷寒深冬中更加芬芳美妍，冰封大地霜凝雪冻，它却傲寒斗雪把美景独

---

① 染翰：以笔濡墨，指写作。

② 寄怀：寄托襟怀、志趣。

③ 来哲：后世聪明有才能的贤者。

④ 勖（xù）：勉励。

⑤ 体物：体察并表现事物的特征。

⑥ 贞固：坚贞不移的品性。

占！再看那些百花众草，谁敢与梅花的英姿争先？黄莺的鸣叫还没有开始，蜂房还未喧闹，只有梅花独立早春，保全了自己的自然天性。

至于梅花长于隐僻的地方，寄身幽静之处而与世隔绝；耻与繁杂的闹市为邻，甘心遁迹于山崖洞穴。就像江仆射独对孤灯苦读，不怨悲凉；又好像陶渊明归隐田园谢绝来客，人虽孤寂心却不沉郁。它那高洁的本性坚定不改变，确能与君子的气节相比肩。我姑且写此文抒发胸怀，以梅花的品格昭示后世的贤者。

伯父见此文勉励叮嘱我："万木凋零枯败，只有梅花吐英满树；晶莹如冰亭亭玉立，冰封雪冻不改本性；梅花的形态你擅于描摹，还望你秉持梅花坚贞不移的品性。"

武举制度是如何创立的

武科的科举又称为武举，武举制度创立于武则天长安二年（702）。唐代武举偏重于技勇，重点是马上枪法，只能说是武举的创制时期。宋代的武举考试，先考骑射的技艺，然后考策略决定去留，考弓箭射击比试高下。武举在明清两代非常兴盛。明代的武举考试，从成化十四年（1478）起，每三至六年举行一次，先考策略，后考弓马。清代武举制度比较完备，会试由兵部主持，外场考试马箭、步箭、开弓、舞刀、掇石，内场试《武经》，外场合格者方能参加内场考试。

3. 养竹记

⊙〔唐〕白居易

竹似贤，何哉？竹本[①]固[②]，固以树[③]德；君子见其本则思建善不拔者。竹性直，直以立身；君子见其性则思中立不倚[④]者。竹心空，空以体道[⑤]；君子见其心则思应用虚受[⑥]者。竹节贞[⑦]，贞以立志；君子见其节则思砥砺[⑧]名行[⑨]，夷险一致者。夫如是[⑩]，故君子人多

---

① 本：根。

② 固：稳固。

③ 树：树立。

④ 倚：偏颇。

⑤ 体道：体悟仁德。

⑥ 虚受：虚心接受。

⑦ 贞：坚定。

⑧ 砥砺（dǐ lì）：磨炼，锻炼。

⑨ 名行：名节德行。

⑩ 如是：像这样。

树[1]之为庭实[2]焉。

贞元十九年[3]春，居易以拔萃[4]选及第，授校书郎[5]。始于长安求假居处，得常乐里[6]故关相国私第之东亭而处之。明日，履及于亭之东南隅，见丛竹于斯，枝叶殄瘁[7]，无声无色。询于关氏之老[8]，则曰："此相国之手植者。自相国捐馆，他人假居，繇是筐篚[9]者斩焉，篲箒[10]者刈焉，刑余之材，长无寻[11]焉，数无百焉。又有凡草木杂生其中，菶茸荟郁[12]，有无竹之心焉。"居易惜其尝经长者之手，而见贱俗人之目，剪弃若是，本性犹存，乃芟蘙荟[13]，除粪壤，

---

①树：种植竹子。

②庭实：原指将贡品或礼物陈列于庭，让人观赏。这里指将竹子种植在庭院中，随时观赏。

③贞元十九年：803年。贞元，唐德宗李适的年号。

④拔萃：唐代考中进士，还要经过吏部考试，才能授官。白居易在公元803年以"拔萃"登科。

⑤校书郎：秘书省属官，管理、校勘和整理国家图书典籍。

⑥常乐里：长安的里名。

⑦殄（tiǎn）瘁：枯萎凋谢的样子。殄，灭绝，此指摧残。瘁，劳伤，此指毁坏。

⑧关氏之老：关家旧人，如老仆、管家之类。

⑨筐篚（fěi）：竹器，方形的叫筐，圆形的叫篚。

⑩篲箒（huì zhǒu）：都是扫箒。篲，同"彗"，扫帚。这里作动词用。

⑪寻：古时八尺为一寻。

⑫菶（běng）茸荟郁：形容草木繁盛茂密。

⑬芟蘙（shān yì）荟：剪除茂盛的杂草。

疏其间，封[1]其下，不终日而毕。于是，日出有清阴，风来有清声，依依然，欣欣然，若有情于感遇也。

嗟乎！竹，植物也，于人何有哉？以其有似于贤，而人爱惜之，封植之，况其真贤者乎？然则竹之于草木，犹贤之于众庶。呜呼！竹不能自异，惟人异之；贤不能自异，惟用贤者异之。故作《养竹记》，书于亭之壁，以贻其后之居斯[2]者，亦欲以闻于今之用贤者云。

译文

竹子像贤人，这是为什么呢？竹子的根稳固，稳固是为了树立竹子的德行；君子看见它的根就想到要培养好坚定不移的品格。竹子有挺直的秉性，直是为了站住身体；君子看见它这种秉性就想到要正直无私，不趋炎附势。竹子的心是空的，空是为了体悟仁德；君子看见它的心就想到要虚心接受一切有用的东西。竹子的节很坚定，坚定是为了立志；君子看见它的节就想到要磨炼自己的名节操行。不管一帆风顺还是遇到危险时，都始终如一。正因为这样，君子都喜欢种竹子，把竹子作为庭院中有价值的东西。

贞元十九年的春天，我在吏部以拔萃中选，被任命为校书郎。最初在长安求借住处，得到常乐里已故关相国私宅的东亭，在那里住了下来。第二天，我散步走到亭子的东南角，见这里长着几丛竹子，枝叶枯萎凋谢，毫无生气。向关家的旧人询问其中的原因，对方回答道：“这些竹子是关相国亲手栽种的。自从相国死后，别人借住在这里，从那时起，做筐篓的人来砍，做扫帚的人也来砍，砍伐剩下的竹子，长的已不到八尺，数量也不到百竿了。还有平常的草木混杂生在竹丛中，长得繁盛茂密，简直都没有竹子的苗了。”我感到很惋惜，这些竹子，是由德高望重的关相国亲自种植的，现在竟被庸俗的人看得如此卑贱。但即使被砍削、废弃到这种程度，

① 封：培土。

② 斯：指这所房子。

竹子的秉性却仍然不改变。于是我把那些繁盛茂密的草木铲掉，给竹子施加肥料，又在下面松土、培修土层，不到一天就完成了。从此以后，这些竹子日出有清阴，风来有清声，随风依依，生机勃勃，好像在感激着我的知遇之恩。

可叹啊！竹子，不过是一种植物，与人有什么关系呢？因为它与贤人相似，人们就爱惜它，培植它，何况对于真正的贤人呢？然而，竹子与其他草木的关系，也就像贤人与一般人的关系一样。唉！竹子本身并不能把自己与其他草木加以区分，要靠人来进行区别；贤人本身并不能把自己与一般人加以区分，要靠使用贤人的人来进行区别。因此，我写了这篇《养竹记》，书写在东亭的墙壁上，是为了留给以后居住这所房子的人，也是为了使现在使用贤人的人知晓罢了。

何谓“科举四宴”

为了笼络天下士人通过科举考试，踏上仕途为统治者效劳，科举制度还组织顺利通过科举考试的士子参加由官方、朝廷主办的盛大庆祝宴会，以示恩典，这就是我国古代著名的“科举四宴”。由于科举制度自唐代以来，分设文武两科，故四宴中鹿鸣宴、琼林宴为文科宴，鹰扬宴、会武宴为武科宴。

“鹿鸣宴”是为乡试后新科举子而设的宴会；“琼林宴”是为殿试后新科进士举行的宴会；“鹰扬宴”是武科乡试放榜后考官及考中武举者共同参加的宴会；“会武宴”是武科考殿试放榜后在兵部举行的宴会。

4. 修竹赋

⊙〔元〕赵孟頫

猗猗[1]修竹，不卉不蔓，非草非木。操挺特[2]以高世，姿潇洒以拔俗。叶深翠羽，干森碧玉。孤生太山之阿[3]，千亩渭川[4]之曲。来清飙[5]于远岑[6]，娱佳人于空谷。观夫[7]临曲槛[8]，俯清溪，色侵云漠[9]，影动涟漪。苍云夏集，绿雾朝霏[10]。萧萧雨沐，袅袅风披。露

① 猗（yī）猗：柔美的样子。

② 挺特：超群特出。

③ 孤生太山之阿：语出《冉冉孤生竹》，“冉冉孤生竹，结根泰山阿。”太山，即泰山。阿，山坳。

④ 千亩渭川：即渭川千亩，指竹之繁茂。语出《史记·货殖列传》：“文鲁千亩桑麻，渭川千亩竹。”

⑤ 清飙（biāo）：犹清风。

⑥ 远岑（cén）：远处的山。

⑦ 夫：指示代词，那。

⑧ 曲槛：曲折的栏杆。

⑨ 云漠：意思是天上的垂云和大漠交接之处，极言其辽远。

⑩ 霏（fēi）：云气。

鹤长啸，秋蝉独嘶。金石[①]间作，笙竽杂吹。

若乃[②]良夜明月，穷冬积雪，扫石上之阴，听林间之折。意参太古，声沉寥泬[③]。耳目为之开涤，神情以之怡悦。盖其媲秀碧梧，托友青松。蒲柳[④]渐弱，桃李羞容。歌《籊籊[⑤]》于卫女，咏《淇奥》[⑥]于国风。故子猷[⑦]吟啸于其下，仲宣[⑧]息宴乎其中。七贤[⑨]同调，六逸[⑩]齐踪，良有以也。又况鸣嶰谷[⑪]之凤，化葛陂[⑫]之龙者哉！至于虚其心，实其节，贯四时而不改柯易叶，则吾以是观君子之德。

---

① 金石：指钟磬一类乐器。

② 若乃：至于。用于句子开头，表示另起一事。

③ 寥泬：空虚幽静。

④ 蒲柳：即水杨。一种入秋就凋零的树木。

⑤ 籊（tì）籊：长而细的竹竿。

⑥《淇奥》：《诗经》中的一首赞美男子形象的诗歌。每章均以“绿竹”起兴，借绿竹的挺拔、青翠、浓密来赞颂君子的高风亮节。

⑦ 子猷：晋朝大书法家王羲之的三儿子名叫王徽之，字子猷。王徽之一生爱竹，曾指竹对友人说：“何可一日无此君！”后世皆以子猷为竹之知己。

⑧ 仲宣：指王粲，字仲宣。东汉末年文学家，“建安七子”之一。

⑨ 七贤：指“竹林七贤”，即魏晋期间的七个文人名士：嵇康、阮籍、山涛、向秀、阮咸、王戎、刘伶。《魏氏春秋》说，这七个人“相与友善，游于竹林”，号为“七贤”。

⑩ 六逸：开元二十五年（737），李白到山东与孔巢父、韩准、裴政、张叔明、陶沔在徂徕山竹溪隐居，酣歌纵酒。世人称为“竹溪六逸”。

⑪ 嶰（xiè）谷：山名，生美竹。

⑫ 葛陂（bēi）：地名，在今河南新蔡县北。

译文

柔美修长的竹子，既不开花也不生长茎蔓，既不是草本也不是木本。节操超群特出绝尘离世，姿态潇洒清高超凡脱俗。叶色深深犹如翠鸟的羽毛，枝干森森如同碧绿的玉石。有的孤独地生长在泰山的坳里，有的繁茂地生长在渭川的水流弯曲处。从远山送来清风，在空谷令佳人欢娱。看那翠竹或是依临曲折的栏杆，或是俯探清澈的溪水，竹色无边无际，影子摇动碧波荡漾。夏日时如同苍云聚集，朝气中好像绿雾蒙蒙。细雨中竹声萧萧，清风中竹影袅袅。林中丹鹤长鸣，秋蝉嘶叫。如同钟磬之间互相敲击，笙竽夹杂一起吹奏。

至于长夜寂寂，明月高悬，深冬积雪，一扫石上阴影，静听大雪压住竹子折断的声音。令人心意直通远古，周围寂寥幽静。耳目因它而清爽，神情因它而喜悦。因为它秀美如碧梧，品性如青松。水杨自惭形秽，桃李无地自容。《诗经·卫风》中的《籊籊》（《诗经》中为《竹竿》）以绿竹歌咏女子思乡，《淇奥》以绿竹歌咏君子之风。所以王徽之在竹下吟啸，王粲在林中休息。“竹林七贤”志趣相同，竹溪六逸兴致相同，确实是有原因的。更何况美竹声如嶰谷之凤，形如葛陂之龙！至于美竹虚心实节，历经四季而枝叶不凋，我因此得知君子的德行。

5. 秋兰[1]赋

⊙〔清〕袁枚

秋林空兮百草逝，若有香兮林中至。既萧曼以袭裾[2]，复氤氲[3]而绕鼻。虽脉脉[4]兮遥闻，觉熏熏[5]然独异。予心讶焉，是乃芳兰，开非其时，宁不知寒？于焉步兰陔[6]，循兰池，披条数萼[7]，凝目寻之。

果然兰言，称某在斯。业经半谢，尚挺全枝。啼露眠以有待，喜采者之来迟。苟不因风而枨触[8]，虽幽人其犹未知。于是异之

---

① 兰：兰花。多年生草本植物。俗称草兰，又名春兰。一茎一花，花清香。一茎数花者为蕙，俗名蕙兰。又一种开于秋季，亦一茎数花，因产于福建，故称建兰。

② 袭裾（jū）：扑袭衣襟。裾，衣服的前襟。

③ 氤氲（yīn yūn）：香气浮动的样子。

④ 脉脉：指香气柔缓游动。

⑤ 熏（xūn）熏：沁人心脾的样子。

⑥ 陔（gāi）：田埂。

⑦ 披条数萼（è）：分开枝条数着花朵。

⑧ 枨（chéng）触：感触。

萧斋[1]，置之明窗。朝焉与对，夕焉与双。虑其霜厚叶薄，党[2]孤香瘦；风影外逼[3]，寒心内疚。乃复玉几安置，金屏掩覆。虽出入之余闲，必褰[4]帘而三嗅。谁知朵止七花，开竟百日。晚景后凋[5]，含章贞吉[6]。露以冷而未晞[7]，茎以劲而难折；瓣以敛而寿永[8]，香以淡而味逸[9]。商飙[10]为之损戚，凉月为之增色。留一穗之灵长[11]，慰半生之萧瑟。予不觉神心布覆[12]，深情容与[13]。析佩表洁[14]，浴汤孤处[15]。倚空谷以流思[16]，静风琴[17]而不语。

---

① 萧斋：书斋的别称。

② 党：亲朋相伴，此指花枝。

③ 风影外逼：风寒与光影逼近于外。

④ 褰（qiān）：撩起，用手提起。

⑤ 晚景后凋：绽放得迟，凋谢也晚。

⑥ 含章贞吉：内涵文采，坚贞洁美。

⑦ 晞（xī）：干燥，此指枯干。

⑧ 瓣以敛而寿永：花瓣已经缩敛而犹开未落。

⑨ 香以淡而味逸：香气已经淡微而香味却没有散失。

⑩ 商飙：秋风。

⑪ 灵长：绵延长远。

⑫ 神心布覆：心神不定。布，展开。覆，转回。

⑬ 容与：迟缓不前的样子。

⑭ 析佩表洁：解下佩带表明高洁。

⑮ 浴汤孤处：到清水中沐浴后孤居幽处。

⑯ 流思：思绪飞扬。

⑰ 静风琴：没有风而檐间的铁片不动。风琴，挂在檐间的铁片，风吹相撞发出声音。

歌曰：秋雁回空，秋江停波。兰独不然，芬芳弥多。秋兮秋兮，将如兰何？

译文

秋天的树林空荡寂寥，百草凋零衰落，好像有幽香从林中传来。这香味既弥漫扑袭着衣襟，又不时缭绕于鼻端。虽然若断若续地似来自远处，却沁人心脾，香味独特。我心中很诧异，这是兰花的芳香，但是开得不是时候，难道不知道寒冷的天气已经到来？于是顺着地埂去寻找，沿着兰花池，拨开枝条，仔细地数那花朵，聚精会神地寻找它。

果然那兰花好像开口说话了，说我在这里。一看已经谢了差不多一半，整个枝条还挺立着。像是眼睛里隐含泪水有所期待，采摘者虽然来得晚一些，却也使自己心中愉悦。若不是因为风吹拂香气飘动，即便是幽居的人也不一定知道。于是把兰花拾进书斋，放在明亮的窗前，朝夕与兰花为伴。担心它叶薄禁不住秋天的霜露，发茎又少形体孤单；加上风吹日晒，可能会受不了而生病。于是又把这兰花放在饰玉的几案上，用绣金的屏风围盖。经常利用进出的一些闲暇时间，掀起围盖来再三闻兰花的香味。谁知这七朵花连续开了竟有一百天。它绽放得迟，凋谢也晚，内涵文采，坚贞洁美。露因为冷而未干，花茎劲韧难于摧折；花瓣敛聚花期很长，香味虽淡却溢向四方。秋风虽在为它减却仪容，冷月却为它增添光彩。留下开得最长远的一朵花，慰藉那大半生的萧条。我情不自禁地心神为之倾覆，对它顾眷情深。解下身上的佩带表明高洁，沐浴后孤居幽处。让自己的思想在空寂中自由飞扬，静静的屋檐风铃缄默不语。

那赞颂的歌是这样：秋雁经过长空，秋天的江水平静无波。兰花却与此不同，经秋更芬芳。秋啊秋啊，你能拿兰花怎么样呢？

单元学习任务

任务一

学习文言文，需要多诵读，有意识地积累一些文言文知识，逐步形成文言语感。如文言文中一些常见的实词义项较多，可用卡片记录下来，也可以采用其他的积累方法。

任务二

本单元选文都用托物言志的方法来表达作者的高洁志趣。阅读《养竹记》《修竹赋》《秋兰赋》，从物象的特征入手，理解“物”的特点，类比出作者的志向。

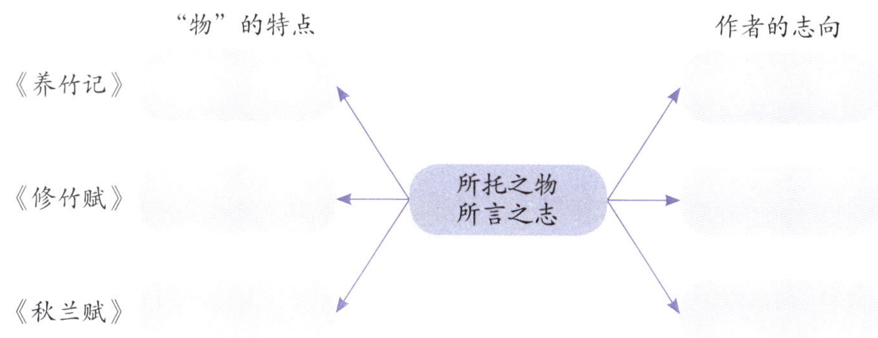

任务三

请仿照本单元的选文，任选一种物象，写一篇小古文表达自己的志向。

怎样选材

好文章不仅在于新颖的题目、细致的描写和富有表现力的语言，更在于素材取舍的匠心独特、叙写安排的恰到好处。文章还要有浓郁的生活气息：选材时眼光要独到，见人所未见；思路要开阔，写人所未写；若要立意深刻，还要注意选材的角度。明代画家董其昌说："山行见奇树，须四面取之。树有左看不入画而右看入画者，前后亦尔。"取材入画如此，选材成文亦然。文章的中心决定着材料的取舍和详略的安排。

阅读本单元文章，要学会在写作时围绕中心对材料进行选择，巧妙安排详略。还要注意材料的真实和新颖，就平常素材翻出新意，表达自己独特的体验和感悟。

1. 一件小事

⊙鲁　迅

我从乡下跑到京城里，一转眼已经六年了。其间耳闻目睹的所谓国家大事，算起来也很不少；但在我心里，都不留什么痕迹，倘要我寻出这些事的影响来说，便只是增长了我的坏脾气，——老实说，便是教我一天比一天的看不起人。

从“我”的经历写起，突出了材料的真实性。

但有一件小事，却于我有意义，将我从坏脾气里拖开，使我至今忘记不得。

这是民国六年的冬天，大北风刮得正猛，我因为生计关系，不得不一早在路上走。一路几乎遇不见人，好容易才雇定了一辆人力车，教他拉到S门去。不一会，北风小了，路上浮尘早已刮净，剩下一条洁白的大道来，车夫也跑得更快。刚近S门，忽而车把上带着一个人，慢慢地倒了。

女人倒下是事件的起因，对表现中心起辅助作用的材料略写，详略得当。

跌倒的是一个女人，花白头发，衣服都很破烂。伊从马路边上突然向车前横截过来；车夫已经让开道，但伊的破棉背心没有上扣，微风吹着，向外展开，所以终于兜着车把。幸而车夫早有点停步，否则伊定要栽一个大觔斗[1]，跌到头破血出了。

伊伏在地上；车夫便也立住脚。我料定这老女人并没有伤，又没有别人看见，便很怪他多事，要自己惹出是非，也误了我的路。

我便对他说："没有什么的。走你的罢！"

详写车夫的语言、动作、神态，突出车夫的高尚人格。围绕中心选材，选取最能突出中心的典型材料来写。

车夫毫不理会，——或者并没有听到，——却放下车子，扶那老女人慢慢起来，搀着臂膊立定，问伊说：

"你怎么啦？"

"我摔坏了。"

我想，我眼见你慢慢倒地，怎么会摔坏呢，装腔作势罢了，这真可憎恶。车夫多事，也正是自讨苦吃，现在你自己想法去。

车夫听了这老女人的话，却毫不踌躇，仍然搀着伊的臂膊，便一步一步的向前走。我有

① 觔斗：现用作"筋斗"。

些诧异，忙看前面，是一所巡警分驻所，大风之后，外面也不见人。这车夫扶着那老女人，便正是向那大门走去。

车夫的行为对“我”的心灵是一种洗濯，“我”的反省是对车夫的侧面烘托，注意到了间接材料的使用。

我这时突然感到一种异样的感觉，觉得他满身灰尘的后影，刹时高大了，而且愈走愈大，须仰视才见。而且他对于我，渐渐的又几乎变成一种威压，甚而至于要榨出皮袍下面藏着的“小”来。

我的活力这时大约有些凝滞了，坐着没有动，也没有想，直到看见分驻所里走出一个巡警，才下了车。

巡警走近我说：“你自己雇车罢，他不能拉你了。”

我没有思索的从外套袋里抓出一大把铜圆，交给巡警，说：“请你给他……”

风全住了，路上还很静。我走着，一面想，几乎怕敢想到我自己。以前的事姑且搁起，这一大把铜圆又是什么意思，奖他么？我还能裁判车夫么？我不能回答自己。

这事到了现在，还是时时记起。我因此也时时煞了苦痛，努力的要想到我自己。几年来的文治武力，在我早如幼小时候所读过的“子

想一想：作者是怎样就平常素材翻出新意的？

曰诗云”一般，背不上半句了。独有这一件小事，却总是浮在我眼前，有时反更分明，教我惭愧，催我自新，并且增长我的勇气和希望。

一九二〇年七月

试卷弥封的由来

试卷弥封即把考生试卷上的姓名密封起来，使阅卷人在不知应试者的情况下评卷，以防作弊。试卷弥封源于我国唐代。

唐代吏部选人，最初试卷上写有姓名、籍贯，故能靠特权录取。武则天曾下令用纸糊上考生姓名，开创了“糊名”的先河。到了宋代，“糊名”才正式用于科举，称“封弥”，元朝以后称“弥封”，明清一直沿用。

2. 鲁迅的十七岁

⊙刘卫东

1898 年的绍兴，青石巷里的荷花香满十里，十七岁的鲁迅还在三味书屋里读线装书。晚清的绍兴茶楼人声鼎沸，茶馆里的说书人熟悉明刻本的曲艺杂谈、清末的游仙小说，说着古代会稽的惊险故事，端着木制的黑碗，喝着琥珀色的老酒。私塾先生们捻着胡须写小楷，临摹碑刻，三月的落花在书案上招蜂引蝶。读完《三字经》《千家文》，磨墨的书童们爬上树梢看闹市和石巷里的行人、茶客，看穿着皂鞋的官差们，看阁楼里眉目清秀的女子十里红妆。远处的青山脚下，说书先生数着铜钱，吃着茴香豆，长长的衣衫沾满草木的青涩。

古代会稽的私塾，红底青花的瓷器摆在案几上，雕花的窗棂，纯蓝色的细瓷花瓶，镶嵌玉石或描红着绿的笔筒里插着孔雀翎、白羽和青竹笔。阳光透过洁白的素纸慢慢渗透到残余的文字里，墨汁和油彩浸渍着衣襟。清香的朱墨、柔软的竹帛，有豆荚和稻花的色泽。老先生手把手地教书童们念诵古书，一笔一画地描红，横折弯钩，点提撇捺，一尺见方的纸张上写满古旧的文字。书童们恭听先生圈点口哼，毕恭毕敬，散学之后却逼着老童生讲故事，叽叽喳喳不能罢休。

十七岁的鲁迅还没有去江南水师堂，他应该读过许多线装书，包括那些手抄本和明清的小说。白墙乌瓦、黑白分明的绍兴，浓浓的酒、酸酸的菜，戴着小毡帽的农夫、穿长衫的读书人、撑着油纸伞拜访深石巷里的老中医的短工、在茶肆里侃着京城奇闻的食客，他们都曾经是鲁迅读过的那些线装书里的一个影子。薄似篾片的绿竹签，夹在线装书里，或者用莲子的梗叶做书筒，清香诱人，书卷里莲子的清香溢满前厅后院。水泊之洲，土木院落，尺轨方寸，迷雾中乌黑的砖瓦沉在浮尘灰与渺茫的炊烟之中，世事如棋，南国的底蕴就杂陈在这粉墙黛瓦和水墨色的石巷之间。

晚清南国的地图上，分布着许多私塾，古朴的书院，祠堂，阁楼。青色的山体，河泽起起落落，错落的马头墙，粉白的风火墙，浸润着草木的腐朽味道与丹青意境。船儿悠悠地晃着，水声潺潺地响着。先生们和孩子们在私塾里案几上描红、写生。私塾里读书的书童们，在春天的时候从油菜花丛中捉蝴蝶，在师傅的检视下读书写字，背诵古文。他们喜欢纸风筝，钓鱼虾，拥有细腻的情感和敏锐而又容易受伤的心。江南的水车和水磨在叽叽喳喳地转动，时间在慢慢磨。大红的宅门、青色的屋瓦、黑色的墨线，书童们笔下的汉字骨节突出，秀气而不失锋芒。秋叶散落在庭院的水池里，古代的文字和稚嫩的笔法竟然拥有如此新鲜的生命力。但是十七岁的书童，还是水中的莲子，有着清秀可人的笔迹，他们不像乌篷船里的茶客和盐商那样世故，很难在茶水的寡淡中领会在如此众多的谵妄之语中有几分世事炎凉，几分奸猾刁钻。

嘉庆年间，绍兴的水路和稻花飞过临街两扇石库台门，读书人喝着陈年的米酒，书房里行囊齐备，准备乘着乌篷船出门远行。绍兴地处丘陵山地和河网平原的衔接地带，水墨色的山脊横在船头，往来的渔船载着虾米和青豆，慢慢地摇着桨。群山连绵，书的清香与饮酒的寂寞在水路上肆意蔓延。船舱里搁置着油纸伞、青布衫、炊具、小人书。温润的气候、晦暗的山光和清淡的水色，还有花鸟的嬉戏与水性的刺绣是这些书童们的旅伴。

红色的符号，黄色的勾画，黑色的边框和底纹，古代地图上的绍兴水路向东南蜿蜒，盘旋几百里。春风吹过稻花丛，书童们在小溪里挽着裤脚捉鱼，在池塘里戏水。从落叶铺满的山崖遥望清秋的南方土木结构的民居，残损的花叶飘落在暗淡的屋脊和瓦层上，俯瞰这山谷下临水聚居的村舍，仿佛就是鱼的乌黑的脊背，临水照屋，人的秉性和流水郁结成苔藓，茅茨不剪的屋宇几近在秋风中坍塌。

私塾里的红草笺，稻花丛中的乌篷船，十七岁的鲁迅寒衣单薄。鲁迅也许是在私塾外面的茶楼下听评书吧，叫天子，何首乌，煮熟了的豆荚，热腾腾的气息，吸引着放鹅、牧牛、摘罗汉豆的孩子们，碧绿的菜畦，紫红的桑葚，蟋蟀弹琴，油蛉低唱。私塾的窗口里飘来状元红的酒香，当然是绍兴名酒状元红、善酿、香雪。老酒坛上面压着沙袋，坛旁搁着酒铫、漏斗和氽筒等舀酒、温酒工具，孩子们嗅着香气，嚼着青豆，偷偷地读些笔记小说，学先生的样子抹抹嘴，扑哧一笑。

吃一粒茴香豆，写几个繁体字，想一想先生的爱憎，你会理解他的偏激与严厉。少年的鲁迅，懂得绍兴黄酒里那种绵绵不绝的趣味，豆荚的香味，说书先生嬉笑怒骂，私塾师傅的刁钻，民间艺人的憨厚与刻板。听一折戏，看着台上油彩浓妆的生旦净丑，人情的冷暖与麻木。喝一坛绍兴酒，钓一只鱼虾，书童们眼中的水路，乌篷船总是有着呜呜噜噜的声音。私塾里的孩子散学后呼朋引伴，折纸鸢，吃酸杏，躲猫猫，喝芝麻糊，这是童稚之心。十七岁的鲁迅风华正茂，激笔挥毫，有着赤子之心，恰是少年意气，单薄的衣衫，一叶轻舟，走遍东南几百里水路。

给我一坛绍兴十八年陈酿，敬给同学少年，一醉方休。

3. 假如你想做一株蜡梅

⊙赵丽宏

果然，你喜欢那几株蜡梅了，我的来自南方的朋友。

你的钦羡的目光久久停留在我的书桌上，停留在那几株刚刚开始吐苞的蜡梅上。你在惊异：那些看上去瘦削干枯的枝头，何以竟结满密匝匝的花骨朵儿？那些看上去透明的、娇弱无力的淡黄色小花，何以竟吐出如此高雅的清香？那清香不是静止的，它无声无息地在飞，在飘，在流动，像是有一位神奇的诗人，正幽幽地吟哦着一首无形无韵然而无比优美的诗。蜡梅的清香弥漫在屋子里，使我小小的天地充满了春的气息。尽管窗外还是寒风呼啸、滴水成冰，我们都深深地陶醉在蜡梅的风韵和幽香之中。

你久久凝视着蜡梅，突然扑哧一声笑起来。

“假如下一辈子要变成一种植物的话，我想做一株蜡梅。你呢？”

你说着笑着就走了，却留给我一阵好想。假如，你真的变成一株蜡梅，那会怎么样呢？我默默地凝视着书桌上几株蜡梅，它们仿佛也在默默地看我。如果那流动的清香是它们的语言的话，那它们也许是在回答我了。好，让我试着来翻译它们的语言，你听着——

假如你想做一株蜡梅，假如你乐意成为我们家族中的一员，那么你必须坚忍，必须顽强，必须敢于用赤裸裸的躯体去抗衡暴风雪。你能吗？

当北风在空旷寂寥的大地上呼啸肆虐，冰雪冷酷无情地封冻了一切扎根于泥土的植物，当无数生命用消极的冬眠躲避严寒的时候，你却应该清醒着，应该毫无畏惧地伸展出光秃秃的枝干，并且要把毕生的心血都凝聚在这些光秃秃的枝干上，凝结成无数个小小的蓓蕾，一任寒风把它们摇撼，一任严霜把它们包裹，一任飞雪把它们覆盖……没有一星半点儿绿叶为你遮挡风寒！你能忍受这种煎熬吗？也许，任何欢乐和美都源自痛苦，都经历了殊死的拼搏，但是世人未必都懂得这个道理。

假如你想做一株蜡梅，你必须具备牺牲精神，必须毫无怨言地奉献出你的心血和生命的结晶。你能吗？

当你历尽千辛万苦，终于迎着风雪开放出你的小小的花朵，你一定无比珍惜这些美丽的生命之花。然而灾祸常常因此而来。为了在万物肃杀时你的一枝独秀的花朵，为了你的预报春天信息的清香，人们的刀斧和钢剪将会无情地落到你的身上，你能承受这种牺牲吗？也许，当你带着刀剪的创痕进入人类的厅堂，在一只雪白的瓷瓶或者一只透明的玻璃瓶里默默完成你生命的最后乐章时，你会生出无穷的哀怨，尽管有许多人微笑着欣赏你，发出一声又一声由衷的赞叹。如果人们告诉你：奉献和给予是一种莫大的幸福，你是不是同意呢？

假如你想做一株蜡梅，你必须忍受寂寞，必须习惯于长久地被人们淡忘冷落。你能吗？

请记住，在你的一生中，只有结蕾开花的那些日子你才被世界注目。即便是花儿盛开之时，你也是孤零零的，没有别的什么花卉愿意和你一起开放，甚至没有一簇绿叶陪伴你。“好花须得绿叶扶”，这样的格言与你毫不相干。当冰雪消融，当温暖的春风吹绿了世界，当万紫千红的花朵被水灵灵的绿叶扶衬着竞相开放，你的花儿早已谢落殆尽。这时候，人们便忘记了你，春之圆舞曲是不会为你奏响的。

假如你问我：那么，你们何必要开花呢？

我要这样回答你：我们开花，绝不是为了炫耀，也不是为了献媚，只是为了向世界展现我们的风骨和气节，展现我们对生命意义的理解。当然，我们的傲骨里也蕴藏着温柔的谦逊，我们的沉默中也饱含着浓烈的热情。这一切，人们未必理解。你呢？

我把做一株蜡梅的幸与不幸、欢乐与痛苦都告诉你了。现在，请你告诉我，你，还想不想做一株蜡梅？

哦，我的南方的朋友，我把蜡梅向我透露的一切，都写在这里了。当你在和煦的暖风里读着它们，不知道你还会不会以留恋的心情，想起我书桌上那几株蜡梅。此刻，北风正在敲打着我的窗户，而我的那几株蜡梅，依然在那里默默地绽蕾，默默地吐着清幽的芬芳……

4. 陪我走过那一程

⊙李慧莹

初三那年，我经历了一段黯淡的日子。

那时恰逢青春期，我一改父母眼中“乖乖女”的形象，时常莫名其妙地冲人发火。因为一丁点儿小事，我会故意跟郝老师“抬杠”；好像不如此，就少了存在感。

年近五十的郝老师教数学，是中途成为我们班主任的。上任伊始，她便推出多条班级新规，一些同学心存不满，但都表面顺从，只有一向孤傲的我不遮不掩地反抗。看到她一时无法说服我而有些恼怒的样子，我竟暗自得意。

我与郝老师第一次爆发冲突，是那天班会上她说了一句：“不要做一朵孤芳自赏的花。”我非常及时地跟着嘀咕了一句：“孤芳自赏有什么不好？总比一些随风倒的墙头草要好。”

她清楚地听到了，于是让我站起来，说一说为什么非要做一朵孤芳自赏的花，而不去欣赏其他的花草树木？清高的我是不屑于回答这个问题的，就大声回答了三个字：“我愿意！”引得同学们哄堂大笑。我看到郝老师的脸立刻涨红了，嗫嚅着想说什么，却终于什么也没有说出来。

放学后她叫我到办公室，问我是不是对她有意见，我言不由衷地回敬："哪敢呢？您是班主任，是郝（好）老师。"我故意把那个"郝"字加重了语气。

"看来你对我有些想法，不妨说出来——如果哪里做得不合适，我愿意改正。"她语气平和，甚至有些谦卑。

"您哪里会有错呢？"我依然伶牙俐齿地回敬，不愿意说自己其实反感她提出的那些"班规"。那些"班规"在我看来，好像她根本不信任我们，把我们当小孩子似的看管，这让我不肯向她袒露心扉。

更因为，那会儿我心里念念不忘的是前班主任刘老师——那个漂亮又懂我的年轻英语老师——她的突然调离，令我那颗青春期敏感的心更加失落。满满莫名的伤感正无处发泄，便任性地一股脑儿推给了新任班主任。

"你现在不想说，就先回家去想想，什么时候愿意跟我交流了，就来找我。"郝老师并没难为我。

出校门时刚好碰见芳同学，家境优越的芳同学觉得郝老师土气、守旧，跟我们这个时代的少男少女们隔着好几道"代沟"，也不喜欢她。回家的路上，我俩叽叽喳喳，把郝老师"过于严肃、过于看重学习成绩、穿着和思想都落伍于时代"等我们看不惯的地方，从头到尾捋了一遍。

其实，还有一件令我耿耿于怀而又无法排解的事，就是她选派上次在英语考试中拿了第一名的同学，代表班级去参加学校的英语演讲大赛，而对留美一年多、口语纯正的我视而不见。我觉得她有意冷落我，而芳同学也为我的“怀才不遇”愤愤不平。

那几天，在她的数学课上，我总是一脸冷漠，仿佛受了莫大的委屈。

后来，我忍不住给已经调离的刘老师打电话，倾诉心中之苦。电话中，刘老师先是嘻嘻哈哈跟我笑谈了一阵子，将我一肚子的不愉快扫去了一半。接着，她郑重地告诉我：“郝老师很博学，人也很宽厚，你对她一定是有什么误会。”最后，刘老师说：“相信我，时间会证明一切。”《时间会证明一切》，是我与亲爱的刘老师曾共同喜欢的一本励志书的名字。

难道，我对郝老师真有误解？时间会证明是我错误地判断了她？

周末，我去逛书城，找一本听说很有意思的小说《乌克兰拖拉机简史》。我正在贴着“外国经典”标签的书柜前翻找，一转身猛然看到郝老师，她惊讶在那里遇见我，我更惊讶她一个数学老师居然也喜欢外国经典小说。

惊讶撞上了惊讶，一时间竟有了一种说不出的默契。我立刻想到刘老师对她的评价。郝老师云淡风轻地跟我聊着，说她还喜欢看哲学、古诗词、天文方面的书，并且还是烹饪等方面的书迷。

“果真博学啊！”我不由得在心里暗暗地赞叹，而且很奇怪地忽然一下子就喜欢上了她。

那天，就在书城里，我们一起转着，聊着，看到喜欢的书，话题就围绕着书谈开来，谈到会心处她竟不经意地拉起我的手，握在她温热而有些粗糙的手里拍了拍。

坚冰就在那一拍间融化了。后来我俩干脆坐在书城一隅的休闲角聊起来——聊彼此看过的书。没想到郝老师真如刘老师所说，是一位阅读达人。她的阅读视野那样开阔，对读书有着那样多的独到见解。

看到我手头拿着《白石词集》，说她也喜欢姜夔的词，她理解的姜夔的词风不止是“幽韵冷香”，还有“清雅飘逸”，接着脱口背诵出好几首姜夔的词。

听着她滔滔不绝地谈论诗词作品以及诗人的人生境遇，如同她平时为我们解答一道数学题那样轻松，除了惊奇，我更多的是由衷的敬佩。

聊到那天我没有从书架上翻找到的小说《乌克兰拖拉机简史》，她就像谈论一位熟悉的邻居那样跟我讲述了作者玛琳娜·柳薇卡。她慨叹作家经历了那么多坎坷，还能写出那样一部令人忍俊不禁的作品，还有那个特别的令人忍俊不禁的书名。

第二天下课时，她将一本书送到我的手上——正是那本我渴望读到的《乌克兰拖拉机简史》。我欢喜地道谢，她却说：“谁让我俩都是玛琳娜·柳薇卡的粉丝呢？不用谢。”

说话间我们相视而笑，穿窗入室的阳光，暖暖地照在我们身上，我看到窗外枝头上繁花开得正盛。

芳同学不解地问我，怎么会如此快就与郝老师无话不谈了？我笑着告诉她：青春的路上，有些事可能根本就说不出道理。

而我，多么感谢有刘老师、郝老师……陪我走过生命里一程又一程。

（学生习作）

举人、秀才

举人原指被推举的人，为历代对各地乡贡入京应试者的通称。明清两代，为乡试考中者的专称，作为一种出身资格。中了举人叫“发解”“发达”，简称“发”，习惯上俗称举人为“老爷”。

秀才也称“茂才”。本是优秀人才的通称，始见于《管子·小匡篇》。汉代以来成为荐举人员科目之一。南北朝时最重此科。唐代初期，设秀才科。后来渐渐成为对一般儒生的泛称。明太祖采取荐举的方法，举秀才数十人，任以知府等官。明清两代，专门用来称府、州、县学的生员，习惯上也称为“相公”。

整本书阅读

海底两万里

⊙〔法国〕儒勒·凡尔纳

阅读导航

你听说过儒勒·凡尔纳吗？凡尔纳是19世纪法国著名小说家、剧作家及诗人。他的作品对科幻文学流派有着重要的影响，因此被誉为“现代科学幻想小说之父”。

《海底两万里》是凡尔纳的“海洋三部曲”之一，也是他的代表作。这本书融合科学、历史、地理、生物等众多学科知识。据说，当年凡尔纳陷入了一个文学创作的苦闷期，而且他发现当时法国文坛上的人都在试图把其他领域的知识融进文学，比如他的“伯乐”大仲马，是将历史学融入文学，而他崇拜的巴尔扎克则是把社会伦理学融进文学，于是凡尔纳就另辟蹊径，开始了将科学融入文学的实验。在1850年到1860年，凡尔纳在巴黎的国立图书馆阅览室里埋头于收集各项科学技术的最新发现，同时他还阅读和研究了大批的科学学术文献，抄录了25000多张文摘卡片，积累了大量的科技资料。他还经常参观博览会和展览会，于是经过十年的积累，他在某种程度上成为百科知识达人。

《海底两万里》这部科幻小说有跌宕起伏的故事情节，有扣人心弦的悬念，读者可能经常会急切地想知道故事或者人物的结局，这时不妨采取快速阅读的方式，先把小说读完，抓住书中的关键信息和主要线索，有所取舍。尼摩艇长是全文的核心人物，也是故事发生、发展的关键，对涉及他的语段就需要格外关注，而对文中大段的景物描写和知识介绍或暂时不能理解的内容、不认识的生字词，可以先跳过去，回头再根据需要和个人兴趣补充阅读。

这是一部集科学、幻想和探险为一体的小说，它的魅力究竟在哪里呢？今天我们就一起漫游神秘的海底世界吧！

精彩选篇

尼摩艇长的闪电

这时候，一只只独木舟离鹦鹉螺号愈发地近了，箭像雨点般落到了艇上。

“见鬼！下雹子了！”孔塞伊说，“可能还是毒雹子！”

“必须报告尼摩艇长。”我边说边钻进了艇舱。

我下到客厅。厅内没见任何人。我试着敲了敲艇长的房门。

房内传出一声“请进”。我走了进去，只见艇长正在埋头计算着，眼前满是X和其他的代数符号。

“我打扰您了吧？”我客气地问了一句。

“是的，阿罗纳克斯先生，”艇长回答说，“不过，我想，您前来找我一定是有什么重要的原因。”

“非常重要。土著人的独木舟把我们给包围了，再过几分钟，肯定将有数百名土著人向我们发动攻击的。”

“噢！”尼摩艇长平静地答道，“他们是划着独木舟来的？”

“是的，先生。”

“好吧！先生，关上舱盖就是了。”

“正是，不过，我是来告诉您……”

“这个再简单不过的了。”尼摩艇长说。

他随即按了一下电钮，向值班艇员下达了一道命令。

“全办妥了，先生，”过了一会儿，他对我说道，“小艇放置好了，舱盖盖好了。我想，您用不着担心，连你们的驱逐舰的炮弹都奈何不了的铜墙铁壁，该不会被他们土著人给击穿吧？”

“我怕倒是不怕，船长，不过危险依然存在着。”

“什么危险，先生？”

“危险在于，明天这个时候，必须打开舱盖，让鹦鹉螺号换换空气……”

“这没错，先生，因为我们的艇像鲸类动物似的需要换气。”

“可是，万一到时候巴布亚人占据着艇顶平台的话，我看不出您如何阻止他们从敞开的舱盖攻进来。”

“先生，您这么说是认为他们能够上得了潜艇来啰？”

“我想是的。”

“先生，那就让他们上来好了。我没理由不让他们上来。这些巴布亚人都是些穷苦可怜的人，我也不愿意看到因我对格波罗阿尔岛的到访，他们中会有人因此而送了命的！”

他说完这些话，我便想告退，但尼摩艇长却让我留下来，坐到他的身旁。他颇感兴趣地向我询问我们在陆地上游览的情况，也问了打猎的情况，他似乎无法理解我的那位加拿大同伴怎么那么喜欢吃肉。接下来，我们就是漫无边际地闲聊了一遍。尼摩艇长仍然像先前一样不怎么流露自己的感情，但却显得和蔼可亲多了。

我们还特别聊到了鹦鹉螺号目前的处境，它目前搁浅的地方，正是当年迪蒙·迪维尔差点儿送命的那个海峡。尼摩艇长因此而引出了下面的这段话来：

“这位迪维尔是你们的一位伟大的航海家，是你们那些最聪慧的航海家中的一员！他是你们法国人的库克船长。是一位不幸的学者！他不惧怕南极的冰层、大洋洲的珊瑚礁……可却悲惨地因火车失事而葬送了性命！在他弥留之际，若尚能思考的话，您不难想象他最后的想法是什么了！”

尼摩艇长说这话时显得十分激动，我不免也受到了他的感染。

随后，我们拿起海图来，再一次回顾了这位法国航海家的功绩，他所做的环球之旅，那两次使他发现阿黛利海岸和路易－菲利普海岸的南极探险，以及他对大洋洲地区的那些主要岛屿所做的水文测量。

“你们的那位迪维尔在海面上所能做到的，”尼摩艇长对我说，“我在海底也都做了，而且比他做得更顺利、更全面。他的星盘号和泽雷号总是不断地遭受风浪的袭击，颠簸摇晃得十分厉害，而不像鹦鹉螺号那样，是一间安静的工作室，在海洋中泰然自若，不受干扰！”

“不过，艇长，”我说到，“迪蒙·迪维尔的那两条三桅船和鹦鹉螺号却有着相似之处。”

“愿闻其详，先生。”

“相似之处就是，鹦鹉螺号也同它们一样地搁浅了。”

“鹦鹉螺号并未搁浅，先生。”尼摩艇长不客气地回敬了我一句，“鹦鹉螺号就是为了能在海床上停靠而专门制造的。迪维尔必须进行繁重的劳动和艰难的操作，才能使他的两条船漂起来，而我则无须这么做。星盘号和泽雷号差点儿就沉没了，而我的鹦鹉螺号不会有任何的危险。明天，在我所说的日子，所说的时刻，潮水就会把它平平稳稳地浮起来，它又将进入大海中去远航。”

“艇长，”我说道，“我并不怀疑……”

“明天，”尼摩艇长说着便站起身来，“明天，下午两点四十分，鹦鹉螺号将浮起来，毫发无损地驶离托雷斯海峡。”

他说这话时铿锵有力，说完后便微微地欠身致意。这是表示我得告退了。于是，我便回到了自己的房间。

孔塞伊还在我的房间里，他是想知道我与艇长晤面的结果。

“我的好小伙儿，”我对他说道，“我告诉他说鹦鹉螺号受到巴布亚土著人的威胁了，他总觉得我是杞人忧天，庸人自扰，回答我时的语气总带点儿嘲讽的意味。因此，我所能告诉你的就是：相信他吧，放心地去睡你的觉好了。”

“先生不需要我做点什么吗？”

“不需要了，我的朋友。内德·兰德在干什么哪？”

“先生容禀，”孔塞伊回答道，“内德正在做袋鼠肉糜，肯定会非常好吃！”

孔塞伊告退后，留下我独自一人，我随即上床躺下，但却难以入睡。我能听见那帮土著人在平台上又跺又跳的，还不停地怒吼狂叫着，声响挺大的。这一夜就这么过去了，艇员们仍旧一如既往，毫无反应。他们丝毫不把这帮人放在眼里，犹如坚守在固若金汤的要塞中的兵士们看到要塞墙壁上的蚂蚁在忙碌一样。

早晨六点，我起身下床，舱盖没有打开，艇内空气没有更换，不过，储气舱里储满了空气，此时已开始启动，为鹦鹉螺号缺氧的地方输送去几立方米的氧气。

我在自己的舱房里工作，直到中午，一直未见尼摩艇长。船上似乎并没有人在做起航的准备。

我又等了一会儿，然后便前往大客厅。此刻挂钟正指着两点三十分。再过上十分钟，海潮就将到达最高点。如果尼摩艇长的断言不失之轻率的话，鹦鹉螺号马上就要漂浮起来了。不然的话，它想离开这片珊瑚礁，就又得再等上好几个月了。

然而，没多大一会儿，我便感到艇身有了预兆性的颤动了，我听到了艇底板摩擦珊瑚礁上凹凸不平的石灰块的声音。

两点三十五分，尼摩艇长出现在大客厅里。

“我们要起航了。”他说。

“啊！”我叫了一声。

“我已下令打开舱盖。”

“可那些巴布亚人呢？”

“那些巴布亚人？”尼摩艇长稍稍耸了耸肩说。

“他们会不会冲进鹦鹉螺号里来呀！”

“怎么冲进来？”

“从您下令打开的舱盖口呀！”

“阿罗纳克斯先生，”尼摩艇长平静地说道，“他们无法通过舱盖口进到鹦鹉螺号舱内来的，即使舱盖是敞开着的。”

我看着艇长没说话。

“您不明白？”他问我道。

“一点儿也不明白。”

“好吧！您跟我来，您一看就明白了。”

我朝着中央扶梯走去。内德·兰德和孔塞伊已经先来到那儿了。他们看到几名艇员打开舱盖，正满脸疑惑哩，外面传来的是一阵阵怒吼与吓人的叫骂声。

舱盖板朝外打开。有二十多张模样吓人的面孔显现在众人面前。可是，第一个将手放到梯子栏杆上的土著人，被某种我看不见的不知什么力量弹了一下，慌忙逃开，边跑边喊边跳，吓得不成人样了。

他们一个接一个上前试探，先后上来十多个，但都同第一个人一样地被弹了一下，给吓跑了。

孔塞伊都看傻了。生性急脾气的内德·兰德按捺不住，冲向扶梯，但双手刚一接触到栏杆，立刻被击倒在地，仰面朝天。

“真是见鬼了！”他叫嚷着，“我被雷击着了！”

我一听此话，立刻省悟。那已不再是铁梯扶手，而是一根金属电缆，它接通船上的电，通到平台上。但凡触摸着它的，都必然遭到猛烈的一击——要是尼摩艇长把船上的电流全都接到这根导体上来的话，那可是一触即丧命的！说实在的，他这是在他与来犯之敌之间拉起了一道电网。

这时，被吓得魂飞魄散的巴布亚人已经退走。我们便半开玩笑地去安慰可怜的内德·兰德，替他按摩揉搓，因为他正像个魔鬼附体的人似的在唠叨，诅咒个没完。

这时候，鹦鹉螺号被潮水托了起来，于两点四十分离开了使之搁浅的珊瑚石床，时间正如艇长所说的，分毫不差！螺旋桨缓慢而有力地拍击着海水。艇速渐渐加快，鹦鹉螺号安然无恙地很快便驶到了洋面上，把托雷斯海峡那狭窄的水道甩在了身后。

（陈筱卿／译）

阅读规划

快速阅读是一种基本的阅读技巧，可以帮助我们尽快地把握全书的内容。请读后完善下列思维导图。

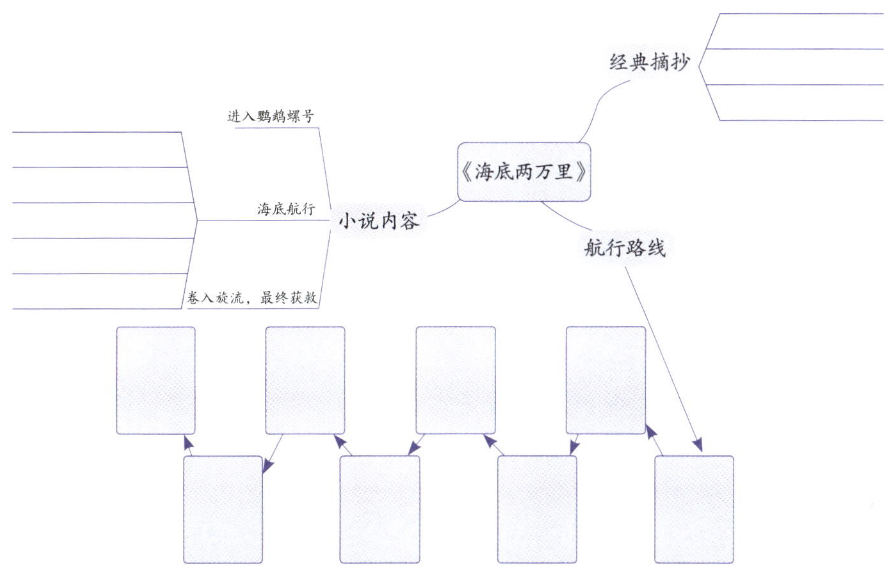

交流平台

问题一：《海底两万里》是一部虚构的科幻小说，你觉得这部书最吸引你的地方是什么？任选章节，画出吸引你的片段、句子或词语，并选一两处在旁边做批注。

提示：1. 可选择性格鲜明的人物、曲折离奇的情节或对神秘的大海深处的描写进行批注。

2. 在引人入胜的故事和精彩的海底景观的描写中，感受作者鲜明的爱憎之情。

问题二：小说中的灵魂人物尼摩艇长是个怎样的人？请你根据作品内容，以作品中最后返回陆地的法国生物学家阿罗纳克斯的身份，给一位亲密的朋友发一封邮件，向他介绍尼摩艇长。

提示：1. 尼摩艇长不仅是献身科学的探索者，也是英勇顽强、反对一切压迫和殖民主义的战士。介绍时要体现尼摩艇长对科学、社会正义和人类平等的不懈追求。

2. 抓住关键信息和主要线索，有所取舍。

问题三：爱因斯坦说过，人的想象力比知识更重要。阅读这部小说，人们往往会被作者巨大的想象力所吸引，可以再读一下凡尔纳的其他作品，感受科幻小说的魅力。

提示：1. 可选择凡尔纳代表作“海洋三部曲”的另两部小说《格兰特船长的儿女》《神秘岛》，或者选择《气球上的五星期》《地心游记》等。

2. 本书值得探究的地方有很多，如小说中关于海底世界的科学知识等，都可以成为探究的题目。看看其中预言了20世纪哪些科技成就，哪些已经实现，哪些还没有实现。

敬启

为编好这本书，我们与收入本书的作品（含图片）作者进行了广泛联系，得到了各位作者的大力支持。在此，我们表示衷心的感谢。但是，由于个别作者地址不详，虽经多方努力，仍无法取得联系。敬请各位有著作权的作者尽快与我们联系，以便我们支付稿酬，并致谢忱！

我们还要感谢使用本书的师生们。希望你们在使用本书的过程中，能够及时把意见和建议反馈给我们，对此，我们深表谢意，并将给予一定奖励。让我们携起手来，共同完成本书的建设工作。

联 系 人：梁老师　刘老师

联系电话：010-58022100-6362

联系邮箱：ztxx2008@sina.com

网　　址：http://www.ywztxx.com

地　　址：北京市海淀区知春路7号致真大厦A座18层

图书在版编目（CIP）数据

家国情怀 / 任建欣主编. — 上海 : 上海教育出版社, 2021.12

ISBN 978-7-5720-0816-0

Ⅰ. ①家… Ⅱ. ①任… Ⅲ. ①阅读课—初中—教学参考资料 Ⅳ. ①G634.333

中国版本图书馆CIP数据核字（2021）第260853号

责任编辑　朱剑茂
封面设计　陈丽娟　王艺霖
著作权人　北京华樾教育科技有限公司

家国情怀

任建欣　主编

出版发行　上海教育出版社有限公司
官　　网　www.seph.com.cn
地　　址　上海市闵行区号景路159弄C座
邮　　编　201101
印　　刷　河北泓景印刷有限公司
开　　本　720 × 1010　1/16　印张 66
字　　数　900千字
版　　次　2021年12月第1版
印　　次　2021年12月第1次印刷
书　　号　ISBN 978-7-5720-0816-0/G · 0632
定　　价　268.00元（全六册）

如发现质量问题，请向本社调换　021-64373213